비로소 알게된 관사   모든 관사를 설명합니다

Benjamin McBride

Benjamin McBride는 스스로 고백하기를
까다로운 문법 개념을 쉽게 설명하는 것을 사랑하는
그래머광이다. Missouri University에서
교육학으로 석사를 받았고 동국대학교 경주 캠퍼스에서
회화 및 아카데믹 라이팅을 가르치고 있다.

모든 관사를 설명합니다

지은이 Benjamin McBride
초판 1쇄 발행 2018년 12월 15일
초판 3쇄 발행 2022년 8월 31일

발행인 박효상 | 편집장 김현 | 기획 · 편집 장경희
디자인 임정현 | 본문 · 표지 디자인 · 조판 신덕호
마케팅 이태호, 이전희 | 관리 김태옥

종이 월드페이퍼
인쇄 제본 예림인쇄 · 바인딩

출판등록 제10-1835호 발행처 사람in
주소 04034 서울시 마포구 양화로 11길 14-10(서교동, 강화빌딩) 3층
전화 02)338-3555(대표번호) | 팩스 02)338-3545
E-mail saramin@netsgo.com | Website www.saramin.com

ISBN
978-89-6049-687-3 14740
978-89-6049-686-6 세트

우아한 지적만보 기민한 실사구시

OKer 시리즈   Benjamin McBride

비로소
알게 된 관사

A
AN
THE

모든
관사를
설명 Ø
합니다

8년 전에 한국에 와서, 제가 한국어를 배우고
한국인 학생들에게는 영어를 가르치면서
처음으로 맞닥뜨린 사실은 한국어에는 관사가
없다는 것이었습니다! 영어를 가르치면서
이 부분은 제게 특별한 도전이 되었습니다.
어떻게 하면 관사를 자연스럽게 사용하는 법을
학생들에게 가르칠 수 있을까?

제가 알게된 건 원어민 영어 강사가 관사를
가르치는 방법과 한국인 강사가 관사를
가르치는 방법에 차이가 있다는 것이었습니다.
원어민으로서 저희는 해당 상황에서 관사를
정확히 사용하지만, 의식하고 쓰는 것은
아닙니다. 이러한 이유로, 원어민 선생님들은
종종 관사를 쓰는 방법을 설명하는 데 난처함을
겪곤 합니다. 그래서 기초적인 사항을 가르치고
나면 원어민들처럼 학생들도 자연스럽게
터득해주기만을 바랄 뿐입니다.

한국인 영어 선생님 또한 관사를 가르치는
데 있어서 어려움을 겪지만, 이유는 다릅니다.
원어민이 직관적으로 관사를 이해하는 것과 달리,
많은 한국인 선생님들은 복잡한 문법 규칙에
매달려 모든 경우를 설명하려고 합니다. 아쉽게도
이러한 규칙은 종종 가장 중요한 포인트를
놓치는데, 즉 생각의 과정과 관사 선택의 숨어
있는 논리를 놓치게 되는 것입니다.

석사 과정에서 공부하면서 저는 이러한 간극을 좁혀보기로 했습니다. 원어민의 관점에서 관사를 가르치는 방법을 찾고 싶었고, 좀 더 체계적이고 단계적인 접근법을 마련하고 싶었습니다. 그렇기에 관사에 대해 집필을 요청받았을 때, 마침내 원어민의 관점에서 관사 사용의 논리를 이해시킬 기회를 갖게 된 것이 무엇보다 기뻤습니다.

　　본 도서를 통해, 여러분은 매 경우 적절한 관사를 결정하는 법을 알게 될 것입니다. 다양한 장르(이메일, 아카데믹 라이팅, 뉴스 기사, 스토리, 대화) 내 글쓴이/화자와 독자/청자간 관계가 관사 사용에 있어 어떠한 연관성이 있는지 다양한 사례를 보여주고자 했습니다. 다루는 모든 명사에서 어떻게 관사 선택이 결정되는지, 원어민의 사고 과정을 들여다볼 수 있게 될 것입니다. 이 책이 관사 사용에 대한 사고의 흐름과 논리를 익히는 데 있어 보다 좋은 계기가 되기를 바랍니다. Happy studying!

　　Benjamin McBride

관사의 정의

영어에서는 소위 관사(a, an, the)라는 단어가 명사 앞에
놓이기도 하고, 때로는 아무런 관사도 쓰이지 않기도
하는데, 다음의 세 가지 경우 중 하나에 해당한다.

1. 무관사
2. a/an
3. the

이 중 무엇을 선택해야 하는가? 결정은 다음에 나오는 명사가
무엇인지에 따라 결정된다. 우리는 명사를 다음의 두 가지로
나눈다. 지시하는 바가 분명한(definite) 명사/지시하는
바가 분명하지 않은(indefinite) 명사, 그리고 셀 수 있는
(countable) 명사/셀 수 없는(uncountable) 명사. 또한 해당
명사가 셀 수 있는 것이면 그 명사가 단수인지 복수인지
또한 생각해야 한다. 이러한 경우의 수에 따라 어느 관사를
선택해야 하는지 다음과 같이 6가지 선택의 범주가 생겨난다.

Definite + Countable + Singular: **the**
Definite + Countable + Plural: **th**e
Definite + Uncountable: **the**
Indefinite + Countable + Singular: **a/an**
Indefinite + Countable + Plural: **무관사**
Indefinite + Uncountable: **무관사**

위에서 보았듯, 정관사를 쓸 것이냐 부정관사를 쓸 것이냐는
매우 중요한 결정이 된다. 어떤 관사를 쓰느냐에 따라 명사가
구체적이고 분명한 명사가 되는지 그렇지 않은 명사가 되는지
결정되기 때문이다. 명사가 지시하는 바가 구체적이라고
판단했다면, 정관사 the를 써야 한다. 이때는 명사가 셀 수

있는지 없는지, 또는 단수인지 복수인지 여부는 중요하지 않다.
지시하는 바가 구체적이고 분명하다고 판단을 했으면 그 모든
명사 앞에는 the가 놓이는 것이다.

만약 명사가 지시하는 바가 구체적이지 않다고 판단했으면,
셀 수 있는지 없는지 결정해야 한다. 해당 명사가 셀 수 없는
명사이면 그것으로 판단은 족하다. 하지만 해당 명사가 셀 수
있는 명사이면 단수인지 복수인지 마저 판단해야 한다.

의사결정은 다음의 순서를 따른다.

1. Definite or indefinite?

지시하는 바가 분명하면, the를 쓴다.
지시하는 바가 분명하지 않으면 다음의 두 가지 질문을 마저
해봐야 한다.

2. Countable or Uncountable?

셀 수 없는 경우이면, 관사를 쓰지 않는다.
셀 수 있는 경우이면, 다음의 질문을 마저 해본다.

3. Singular or Plural?

단수이면, a/an을 쓴다.
복수이면, 아무 관사도 쓰지 않는다.

Definite or Indefinite(지시하는 바가 분명한가 또는 그렇지 않은가)

의사 결정 중에 가장 복잡한 부분은 첫 번째 질문으로, 명사가
지시하는 바가 구체적인지 그렇지 않은지 판단하는 것이다.
명사가 지시하는 바가 분명하다면 "어느 것(which)"이냐는
질문을 할 수 있다. 독자 및 청자가 "어느 것(which)"인지
모른다면, 명사는 지시하는 바가 구체적이지 않은 것이다.

이 질문에 접근하는 가장 좋은 방법은 명사가 지시하는 바가 분명하지 않다고 먼저 가정해보는 것이다. 그리고 스스로 물어보라. "이 명사가 지시하는 바가 구체적이어야 할 특별한 이유라도 있는가?" 또한 정관사 사용 여부는 맥락 및 특정 구문에 따라서도 결정될 수 있다.

문맥

때로, 독자는 "어느" 명사가 언급되고 있는지 대화, 스토리, 기사 등의 맥락을 통해 간단히 파악할 수 있다 . 만약 이런 상황을 상상해 보라. 내가 13살이고, 언니와 통화를 하고 있다. "집에 불이 났다". 이러한 경우, 언니는 내가 말하고 있는 집이 "어느 집"인지 알까? 물론 그럴 것이다, 왜냐하면 같은 집에 살고 있기 때문이다.

여기 다른 예를 보자. 내가 담당자에게 이메일을 보내면서, "제 월급과 관련해 문제(problem)를 발견했습니다."라고 쓰고 있었다고 하자. 담당자는 "어느 문제(which problem)"를 말하는지 알까? 내가 문제를 처음으로 언급하고 있으므로 "어느 문제"를 말하고 있는지 아마 모를 것이다. 독자가 "어느" 것이라고 이해할만한 문맥이 아직 발생하지 않았기 때문이다. 하지만 이메일 후반에, "문제(the problem)가 조속히 처리되기 바랍니다"라고 쓴다면 이 경우에는 담당자는 내가 언급하고 있는 문제가 "어느 문제"인지, 이메일 앞부분에서 이미 한번 언급했으므로 알 수 있을 것이다. 문맥으로 명사가 지시하는 바가 분명해진 것이다.

특정 구문(Specific Markers)

특정 어구를 사용해서 명사가 지시하는 바를 구체적으로 만드는 방법이 몇 가지가 있다. 경우에 따라 "어느 것"을 지칭하고 있는지 지시하는 바를 분명히 하고 싶은 경우가 있기 때문이다. 아래 명사를 한정하는 특정 구문 몇 가지를 소개한다.

1. 전치사구(주로 of와 함께)

*Do you know the population **of Russia**?*

*The president **of Turkey** is visiting Egypt.*

*The chair **in the corner** is broken.*

2. 형용사절

*The man **that robbed the bank** was wearing a mask.*

*Did you see the phone **(that) I bought last week**?*

*She saw the movie **that I recommended**.*

3.특정한 한정 형용사

*Apple makes **the most expensive** smartphone.*

*You are **the only** man I have ever loved.*

*We have **the same** car!*

복합적인 암시

어느 관사를 쓸 것인지 복합적인 암시를 받는 경우 판단하기가
어려울 수 있다. 문맥상으로는 지시하는 바가 구체적이지
않지만 함께 쓰인 특정한 표현으로 지시하는 바가 구체적인
경우이다. 다음의 예를 보자.

It is not common to see **rainstorms** in California.

여기서 명사는 지시하는 바가 분명한가 그렇지 않은가? 독자는
어느 폭풍우인지 알고 있는가?

글쓴이는 일반적인 사실을 기술하고 있어서 문맥으로보아
부정관사를 써야할 것 같다. 특정 폭풍우를 지칭하고 있는
것이 아니기 때문이다. 그런데 여기서 전치사구 in California
라는 특정 구문이 보인다. 이는 독자에게 "어느 폭풍우"인지
설명해주게 될까?

이 경우에는 아니라고 할 수 있다. in California 라는
전치사구의 목적은 장소(where)를 말하고 있는 것이지,
어느(which) 폭풍우인지를 말하고 있는 것이 아니기 때문이다.
이는 명사를 한정하기보다 그저 장소를 기술하는 것뿐이다.
이러한 경우 판단하기가 힘들어 문맥과 특정 구문 사이에
균형을 잡기 위해서는 일정 정도 훈련이 필요하다.

장르의 중요함
다양한 장르의 커뮤니케이션은 관사 사용 여부에 영향을
미친다. 각각의 유형에 내재되어 있는 문맥 공유의 상이한 정도
때문이다. 문맥의 공유 여부는 글쓴이/화자와 독자/청자
사이의 관계 유형에 따라 결정된다. 여기서는 이러한 차이를
다음의 장르에 따라 구성해 보았다.

1. 대화
대화는 일반적으로 고맥락 장르이다. 화자는 종종 경험을
공유하거나 사전 대화를 한 상태이다. 맥락 공유의 정도가 높기
때문에 정관사 the가 다른 장르보다 훨씬 많이 쓰인다.
하지만 여러분이 알지 못하는 것에 대한 대화를 누군가와
나눈다고 한다면, 둘 사이 공유된 맥락이 적으므로 정관사를
덜 쓸 것이다. 다음의 예를 살펴보면,

Sally: Hi James, did you have fun at **the party**?

여기서 샐리는 최근에 제임스가 파티에 갔었다는 것을
알고 있는 것처럼 보인다. 샐리와 제임스 모두 대화의 소재가
어떤 파티(which party)인지 알 것이므로 정관사를
사용하는 것이다.

2. 아카데믹 라이팅

아카데믹 라이팅은 저맥락 장르이다. 글쓴이는 독자에게 수많은 새로운 정보를 소개하고 있기 때문이다. 또한 학술 관련 논문들은 일반적인 독자를 위해 쓰이지, 특정 그룹군의 사람을 대상으로 쓰이지 않는다. 따라서 맥락이 공유된 바가 적어 정관사를 훨씬 덜 쓰게 된다. 다음의 예를 살펴보면,

Farming equipment is becoming more sophisticated.

명사는 지시하는 바가 구체적이지 않다. 글쓴이는 새로운 정보를 독자에게 소개하고 있다. 또한 특정한 농업 기기류가 사전에 소개되어 언급하고 있는 것이 아니므로 맥락이 공유된 정도도 약하다.

3. Emails

이메일은 대화와 유사하게 일반적으로 고맥락 장르이다. 여러분이 아는 누군가에게 이메일을 보낸다고 하면, 둘 사이 공유된 맥락이 많을 것이므로 정관사 the를 쓸 확률이 높다. 하지만 낯선 사람에게 이메일을 쓴다고 하면, 공유된 맥락이 적을 것이므로 정관사를 훨씬 덜 쓰게 될 것이다. 다음의 예를 살펴보면,

Hello Fred,
I noticed that you did not attend **the meeting** today.

이는 담당자가 어느 직원에게 보낸 이메일로 둘 사이 관계에 비춰보면 그들은 서로 공유된 맥락을 갖고 있다. 담당자와 직원 모두 어느 미팅을 언급하는지 알고 있으므로 정관사 the를 쓴 것이다.

4. 스토리

스토리는 고맥락 장르이지만 이유가 다르다. 스토리를 말할 때, 글쓴이/화자는 독자의 마음속에 생생한 시각적 이미지를 만들고 싶어한다. 그 방법의 하나로 정관사 the를 쓰는 것이다. 예를 들어, I arrived at my sister's house and opened the door라고 하면, 이 문장을 읽었을 때 독자는 문을 여는 장면을 상상할 수 있다. 즉 독자는 "어느 문"인지 몰라도 the door라고 표현해서 독자가 보다 생생히 장면을 상상하고 이야기를 보다 속도감있게 진전시키고자 하는 것이다.

스토리가 고맥락인 또 다른 이유는 무언가가 스토리 내에서 소개되었다고 할 때 그 이후로 반복해서 언급이 되기 때문이다. 다음의 문장으로 스토리를 시작했다고 해보자.

Last week, I went to see a **movie**.

스토리에서 다시 언급된다고 하면 아마 다음과 같이 정관사를 쓰게 될 것이다.

After **the movie**, I was hungry, so I decided to have a snack.

스토리의 맥락에 따라 독자/청자는 어느 영화(which movie) 인지 알고 있는 것이다.

5. News Article

뉴스 기사는 고맥락과 저맥락의 중간 정도인데, 아카데믹 라이팅과 스토리의 요소를 결합한 것으로 볼 수 있기 때문이다. 뉴스 기사는 비인칭 다수를 독자로 상정하고, 사실을 전달하므로 아카데믹 라이팅의 성격을 갖고 있다. 그런데 또 다른 면으로 뉴스 기사는 어느 사안(예를 들어 도둑이라고

한다면)을 소개할 때 스토리가 전개되는 동안 계속해서
반복하여 언급을 한다. 이는 스토리와 유사한 속성이 있다.

물론 이는 일반적인 가이드라인이다. 많은 경우 이러한
장르들이 섞여 나타난다. 즉, 친구와 대화를 하면서 스토리를
말할 수 있고, 또는 이메일을 쓰면서 뉴스에서 일어난
일을 언급할 수도 있다. 중요한 것은 글쓴이/화자와 독자/청자
간 공유한 맥락의 정도를 파악하는 것이 될 것이다.

Countable or Uncountable

명사가 지시하는 바가 구체적이지 않다고 판단한다면, 그때
그 명사가 셀 수 있는지 없는지 마저 판단해야 한다. 전형적으로
How many? 라고 스스로 물어 판단해볼 수 있다. 그 질문에
답할 수 없다면 해당 명사는 셀 수 없는 것이다.

좀더 자세하게, 셀 수 없는 명사는 다음의 4가지 범주 중
하나에 속한다.

1. 너무 작아 셀 수 없는 경우

어떤 사물은 너무 작아서 세는 것이 불가능한 경우가 있다.
쌀도 좋은 예인데, 쌀 한 공기가 있다고 생각해보자. 친구가
How many rice do you have? 쌀이 얼마나 되느냐고
묻는다면 그 질문에 답을 할 순 없을 것이다. 알갱이가 너무
작아서 모두 세기란 불가능한 것이기 때문이다. 모래, 설탕, 소금
역시 이와 유사한 경우라고 볼 수 있다.

2. 만질 수 없는 경우

어떤 것을 만질 수 없다면, 셀 수 없는 것이라 할 수 있다. 햇빛을
생각해보자. 날이 따사로와 친구가 How many sunlights are
there today?라고 물을 수 있을까? 만질 수 없기 때문에 셀
수도 없다. wind도 그와 같은 경우로 how many winds 라고
말할 수 없는 것과 같은 이치다.

3. 추상적인 경우

추상 명사는 대개 셀 수 없는데, 물리적인 사물이 아니라, peace 나 heat처럼 아이디어, 개념이기 때문이다. 세상에 얼마나 많은 평화(how many peaces)가 있는지 또는 삶은 감자에 얼마나 많은 열(how many heats)가 있는지 셀 수 없기 때문이다. love, happiness, confidence, security와 같은 수많은 추상명사 역시 마찬가지다.

추상 명사는 일반적인 방법으로 셀 수 없으므로 수량화할 수 있는 방법이 다르다. 예를 들어, 2 bowls of rice(밥 두 공기), 10 bottles of water(물 열 병), a ray of sunlight(한 줄기 햇빛), a gust of wind(한 줄기 바람), a moment of peace(평화의 순간), 85 degrees of heat(85도) 등으로 수량화할 수 있는 것이다.

단, 영어에서는 셀 수 없는 명사가 다른 언어에서는 셀 수 있는 경우도 있으니 주의하라. 다음은 영어에서 셀 수 없는 명사로 여겨지는 것들이다.

Information
Luggage/baggage
Travel
News
Advice
Furniture

영어에서 많은 단어가 또한 셀 수 있는 명사로도, 셀 수 없는 명사로도 사용되는데 이러한 부분들이 까다로울 수 있다. 다음은 두 가지 예로 모두 쓰이는 예시이다.

The farm has 800 **chickens.** (countable)
I eat **chicken** twice a week. (uncountable)

Submit your **papers** to the immigration office.
(countable)
The printer is out of **paper**. (uncountable)

I found a **hair** in my soup. (countable)
He has lovely black **hair**. (uncountable)

셀 수 있는 명사 혹은 셀 수 없는 명사

명사가 단수인지 복수인지 구분하는 것은 쉽다. 복수 명사의
경우에는 pencils, shoes처럼 명사 끝에 -s를 붙이기 때문이다.
　하지만 몇몇 불규칙 활용을 하는 명사의 경우에는 복수의
형태가 다른데, person의 경우는 people로, deer의 경우는
동일하게 deer가 복수가 된다.

the를 대신하는 경우

앞서 지시하는 바가 구체적인 모든 명사는 the를 쓴다고 했다.
어느 면에서 이는 완전한 규칙은 아닌데, 경우에 따라
한정하는 명사 앞에 the 대신에 소유격이나 한정사와 같은
다른 단어를 쓰기 때문이다.

소유격
한정사

소유격은 인칭 대명사(my, your, his, her, our, their, its)를 쓰거나
명사에 s를 붙여 people's, James's , desks', food's 와 같이
쓴다. 한정사는 다음의 네 개 뿐이다. this, that, these, those.
　한정사나 소유격을 쓰면 명사는 자동으로 규정된다. 다음의
예를 살펴보면,

I need to wash **my car**.

여기서 독자/청자는 which car인지 판단할 수 있으므로 차는 지시하는 바가 구체적이다. 어떤 차냐고 묻는다면 my car가 되는 것이다.

다음의 예를 생각해보면,

I would like to buy **this car.**

이 명사 또한 지시하는 바가 구체적인데, 어떤 차를 언급하고 있는지가 분명하기 때문이다. 어떤 차냐고 묻는다면 this car라고 하는 것이다.

또한 한정사나 소유격은 the의 위치를 대신하며 절대로 함께 쓰이지 않는다.

I need to wash **the car.**　　O
I need to wash **my car.**　　O
I need to wash **the my car.**　　X

I need to wash **the car.**　　O
I need to wash **this car.**　　O
I need to wash **this my car.**　　X

a/an을 대신하는 경우
단수 명사 앞에서 부정관사는 항상 a/an만 써야 할까? 꼭 그런 것은 아니다. 명사 앞에서 a/an을 대신할 수 있는 몇 가지 예외가 있다.

One
Another
Each / every

수의 개념을 더 강조하고자 할 때 a/an 대신 one을 쓸 수 있다. 핫도그 스탠드에서 I would like a hot dog 대신 I would like one hot dog라고 대신 표현할 수 있는 것이다.

　another는 사실상 an과 other가 결합한 것으로 an이 이미 포함되어 있다. 즉, I want a hot dog 라고 말하거나 I want another hot dog라고 할 수 있지만, I want an another hot dog라고는 말하지 않는다.

　each나 every는 단수 명사 앞에 쓰이지만, a/an과 함께 쓰이지는 않는다. I ate every hot dog라고는 해도, I ate an every hot dog라고는 말하지 않는다.

무관사를 대신하는 경우

지시하는 바가 구체적이지 않고 명사가 복수이거나 셀 수 없는 경우, 관사를 사용하지 않는다. 하지만 수량을 표현하는데 특정 구절을 쓰는 경우에도 관사를 쓰지 않는다.

숫자(2, 3, 10, 50 등)
수량사 (much, many, a lot of, a few, few, most, some, all, enough 등)

일례로 I have problems라고 하면 독자/청자에게 전달되는 정보가 충분치 않다. 이런 경우 다음과 같이 숫자나 수량사를 써서 좀더 구체적으로 표현할 수 있다. I have three problems 또는 I have many problems.

고유 명사

고유 명사는 Paul, Denmark, Chicago와 같이 사람, 장소, 사물의 이름을 일컫는다. 대부분의 고유 명사는 관사를 사용하지 않는데 몇몇의 경우 예외를 둔다.

국가명

일반적으로 국가명에 보통 명사를 포함하는 경우 정관사 the를 붙이는데 예는 다음과 같다.

The Republic of Korea
The United States
The United Kingdom

때로 이름에서 생략이 되어 있는 보통 명사가 바로 드러나지 않는 경우도 있는데, 이러한 경우는 국가명이 -s로 끝난다.

The Philippines (the Islands of Philip)
The Bahamas (the Islands of Bahamas)
The Netherlands (의미: the low lands)

산맥

The Himalayas
The Alps

강

The Nile River
The Amazon River

바다/ 대양

The Pacific Ocean
The Dead Sea

박물관

The British Museum
The Museum of Modern Art

신문

The New York Times

The Korea Herald

조직

The United Nations

The BBC

Chapter

Cor

1

ersation

Chapter 1 - Conversation

The question is ...

STAFF ___ Silverwell Plaza, how may I help you?

CUSTOMER I'm planning ___ anniversary celebration for ___ my company, and I am considering ___ your event space as ___ possible venue.

STAFF Ok. When are you planning to hold ___ event?

CUSTOMER We're looking at ___ August 1st or ___ August 7th.

STAFF Ok, one moment, I'll check ___ dates for you.... Unfortunately, it looks like we are totally booked on ___ 7th, but we do have ___ availability on ___ 1st.

CUSTOMER ___ 1st is fine, then.

STAFF How ___ many people do you expect to come to ___ event?

CUSTOMER Around ___ 140 people.

STAFF Ok, well it sounds like ___ Silver Suite would be ___ perfect fit.

The answer is ...

STAFF Ø Silverwell Plaza, how may I help you?

CUSTOMER I'm planning <u>an</u> anniversary celebration for Ø my company, and I am considering Ø your event space as <u>a</u> possible venue.

STAFF Ok. When are you planning to hold <u>the</u> event?

CUSTOMER We're looking at Ø August 1st or Ø August 7th.

STAFF Ok, one moment, I'll check <u>the</u> dates for you.... Unfortunately, it looks like we are totally booked on <u>the</u> 7th, but we do have Ø availability on <u>the</u> 1st.

CUSTOMER <u>The</u> 1st is fine, then.

STAFF How Ø many people do you expect to come to <u>the</u> event?

CUSTOMER Around Ø 140 people.

STAFF Ok, well it sounds like <u>the</u> Silver Suite would be <u>the</u> perfect fit.

STAFF Silverwell Plaza, how may I help you?

CUSTOMER I'm planning an anniversary celebration for my company, and I am considering your event space as a possible venue.

STAFF Ok. When are you planning to hold the event?

CUSTOMER We're looking at August 1st or August 7th.

STAFF Ok, one moment, I'll check the dates for you... Unfortunately, it looks like we are totally booked on the 7th, but we do have availability on the 1st.

CUSTOMER The 1st is fine, then.

STAFF How many people do you expect to come to the event?

CUSTOMER Around 140 people.

STAFF **Ok, well it sounds like the Silver Suite would be the perfect fit.**

직원 Silverwell Plaza입니다, 무엇을 도와드릴까요?

고객 회사 창립일 축하 행사를 기획하고 있는데 그쪽 이벤트 공간을 사용하는 것을 고려하고 있습니다.

직원 알겠습니다. 그 행사를 언제쯤으로 생각하고 계시는지요?

고객 8월 1일이나 8월 7일로 보고 있습니다.

직원 알겠습니다, 잠시만요, 일정을 확인해보겠습니다... 아쉽게도, 7일에는 예약이 꽉 차 있는데요. 1일에는 자리가 있습니다.

고객 그렇다면 1일도 괜찮습니다.

직원 행사 참여 인원을 어느 정도 예상하시나요?

고객 140명 정도입니다.

직원 알겠습니다. Silver Suite가 적격일 것 같군요.

STAFF **Silverwell Plaza,**

Exception

해당 명사는 빌딩의 이름이므로 고유 명사다. 어떤 건물들은 이름 앞에 the를 사용하고 (the Eiffel Tower, the Empire State Building) 어떤 건물은 사용하지 않는다(Trump Tower, Rockefeller Center). Building이 들어간 건물 이름에는 대부분 the가 사용되긴 하지만 여기에 어떠한 규칙이 있는 것은 아니다. 이번 경우, 건물의 이름에 the를 사용하는지의 여부를 미리 알 수 있는 방법은 없지만 이 빌딩에는 the가 포함되지 않는다.

how may I help you?
CUSTOMER **I'm planning an anniversary celebration**

Indefinite + Countable + Singular: a/an

고객이 축하 행사에 대해 처음으로 소개하고 있기 때문에 직원은 이 행사에 대해 아직 알고 있는 것이 없다. 지시하는 바가 구체적이지 않고 셀 수 있고 단수이므로 a/an을 반드시 써야 한다.

for my company,

Definite + Countable + Singular: the

my를 사용함으로써 정확히 어떤 회사를 언급하고 있는지 직원에게 알려주고 있기 때문에 지시하는 바가 분명하다. 소유 형용사 my는 the를 대체할 수 있기 때문에 여기서도 the를 추가할 필요가 없다.

모든 관사를 설명합니다

and I am considering your **event space**

Definite + Countable +
Singular: the

my company의 예와 비슷하게 your로 인해
어느 행사장인지 지시하는 바가 분명하다.
소유 형용사이므로 the의 자리를 대신한다.

as a possible **venue.**

Indefinite + Countable +
Singular: a/an

고객이 이 행사를 위해 가능한 장소를 물색하고
있고 Silverwell Plaza는 그 중 한 곳이다.
possible이라는 형용사가 명사 바로 앞에
사용되었는데 only, first, biggest와 같은 몇몇의
경우를 제외하면 형용사는 대개 명사를 규정하지
못한다. 가능한(possible) 장소는 여러 군데
있을 것이므로 possible은 장소를 구체적으로
말해주는 단서는 아니다. I bought a green
hat이라는 예시를 보자. green이라는 형용사가
어느 특정한 모자를 지칭하는 것이 아니듯
possible 역시 특정 장소를 일컫는 것은 아니다.
지시하는 바가 구체적이지 않고 셀 수 있고
단수이므로 a/an이 쓰인다.

STAFF Ok. When are you planning to hold the **event**?

Definite + Countable +
Singular: the

직원은 고객이 어떤 행사를 말하고 있는지 알고
있기 때문에 지시하는 바가 분명하다. 이 행사에
대해서는 이미 대화 초반에 논의되었다.

CUSTOMER We're looking at August 1st or August 7th.

해당 명사와 같은 날짜 앞에는 the를 사용하지 않는다.

STAFF Ok, one **moment**,

Indefinite + Countable + Singular: a/an

moment라는 단어가 처음으로 언급되었기 때문에 지시하는 바가 구체적이지 않다. 직원은 그저 간단하게 please wait a moment(잠시만 기다려주세요)라고 말할 수 있었다. 하지만 one으로 a/an을 대신했다.

I'll check the **dates**

Definite + Countable + Plural: the

앞서 날짜(8월 1일 또는 7일)가 언급되어 고객이 알고 있기 때문에 지시하는 바가 분명하므로 the가 쓰인다.

for you... Unfortunately, it looks like we are totally booked on the **7th**,

Definite + Countable + Singular: the

7th라는 단어가 실제로 7th of August라는 구절을 의미하고 있기 때문에 지시하는 바가 분명하다. of August 구는 7th에 대한 정보를 분명히 해준다. 날짜를 명시하는 방법으로 이러한 경우에는 반드시 the를 써야 한다.

but we do have **availability**

Indefinite + Uncountable: Ø (no article)

동사 have는 해당 명사의 쓰임을 이해하는 좋은 암시가 된다. 우리는 보통 have 동사를 청자가 아직 그 사실에 대해 잘 모르는 경우에 사용한다. 예를 들어, I have a car라고 말한다면 청자는 아직 내가 차를 갖고 있다는 사실을 모르는 경우이다. 이는 there is/are구문과 유사한 용법이다. 청자나 독자가 아직 어떤 사실에 대해 모르는 상황에서 무언가를 소개하려고 할 때 이러한 구문을 사용한다. 청자가 아직 어떤 사실을 모를 경우 there is a spider on your back(너 등에 거미 붙었어)라고 말할 수 있다. 따라서 have나 there is/are 뒤에는 지시하는 바가 구체적이지 않은 명사가 온다. 여기서는 지시하는 바가 구체적이지 않고 셀 수 없으므로 관사가 사용되지 않는다.

on the **1st.**

Definite + Countable +
Singular: the

위에 나온 the 7th의 예처럼 이 명사는 of August라는 구를 함의하고 있다. 지시하는 바가 분명하므로 the를 쓴다.

CUSTOMER The **1st** is

Definite + Countable +
Singular: the

다시금, of August가 암시되어 지시하는 바가 분명하므로 the가 사용되었다.

fine, then.
STAFF How many **people**

Indefinite + Countable +
Plural: Ø (no article)

people이 대화에서 처음 소개되고 있으므로 지시하는 바가 분명치 않다. 또한 수량사 many가 쓰였는데, 수량사는 대개의 경우 부정명사 앞에서 쓰인다. 수량사 앞에 the를 써 the many people이라고 하는 경우는 거의 없다. 이러한 경우는 명사 뒤에 그를 수식하는 절이나 구가 오는 경우에 가능한데 다음과 같다. We are grateful for the many people who donated to our campaign(저희 캠페인에 기부해주신 많은 분들께 감사드립니다). 하지만 지금 대화에서 people은 지시하는 바가 구체적이지 않고 셀 수 있고 복수이므로 관사를 쓰지 않는다.

do you expect to come to the **event**?

Definite + Countable +
Singular: the

어떤 행사에 대한 것인지 고객이 알고 있기 때문에 지시하는 바가 분명하므로 the를 사용한다.

CUSTOMER Around 140 **people**.

Indefinite + Countable +
Plural: Ø (no article)

140이라는 숫자가 얼마나 많은 사람들인지에 대해 알려주지만 그룹에 속한 사람들을 한정하진 못한다. 숫자가 명사에 대해 정보를 준다는 점에서 숫자를 형용사 취급할 수 있지만 명사를 규정하는 것은 아니다. I like expensive cars(나는 비싼 차가 좋다)라는 예문을 보자. expensive라는 형용사 역시 자동차가 어느 부류라는 것을 알려주기는 하지만 구체적으로 어느 자동차라고 한정하지는 못한다. 같은 의미로, 140이라는 숫자도 그룹에 속한 사람들에 대해 특정한 정보를 주는 것은 아니다. 지시하는 바가 분명하지 않고 셀 수 있고 복수이므로 어떠한 관사도 사용되지 않는다.

STAFF Ok, well it sounds like the **Silver Suite**

Exception

여기서 화자는 the를 제거할 수도 추가할 수도 있다. 우선 Silver는 여기서 Silverwell Plaza처럼 고유명사이기 때문에 the를 생략해야 할지도 모른다. 하지만 여기서 silver를 Suite를 꾸며주는 말로 볼 수도 있다. 그럴 경우 이 플라자에서 Silver Suite가 한 곳 밖에 없다고 한다면 silver는 청자에게 분명한 장소를 지칭하는 것이 될 것이다. 이럴 경우에는 지시하는 바가 분명하므로 the를 써야 하는 것이다. 따라서 the를 쓸 수도 쓰지 않을 수도 있어, 전적으로 화자의 선택에 달렸다고 볼 수 있다.

would be the perfect **fit.**

Definite + Countable + Singular: the

perfect로 인해 지시하는 바가 분명해졌다. 앞서 나온 140, expensive 예에서 보았듯이 형용사는 대개 명사를 규정하지 못하지만 명사를 규정할 수 있는 특별한 형용사들(only, biggest, worst 등)이 있다. perfect fit(완벽히 적합한 것)은 하나뿐일 것이므로 perfect라는 형용사는 명사를 규정할 수 있는 것이다. 즉, 세상에는 expensive cars는 많이 있지만 perfect fit은 한 대 뿐이므로 the를 쓰는 것이다.

비로소 알게 된 관사

STAFF ___ Silverwell Plaza, how may I help you?

CUSTOMER I'm planning ___ anniversary celebration for ___ my company, and I am considering ___ your event space as ___ possible venue.

STAFF Ok. When are you planning to hold ___ event?

CUSTOMER We're looking at ___ August 1st or August 7th.

STAFF Ok, one moment, I'll check ___ dates for you…. Unfortunately, it looks like we are totally booked on ___ 7th, but we do have ___ availability on ___ 1st.

CUSTOMER ___ 1st is fine, then.

STAFF How ___ many people do you expect to come to ___ event?

CUSTOMER Around ___ 140 people.

STAFF Ok, well it sounds like ___ Silver Suite would be ___ perfect fit.

The question is ...

THOMAS Hey Jessie, how's it going?

JESSIE Pretty good, how about you? Oh, what happened to ___ your hand?

THOMAS I burned it on ___ stove. It's not too serious.

JESSIE Did you go to ___ hospital?

THOMAS No, no. I just put on ___ some cream.

JESSIE How did it happen?

THOMAS Well, I bought ___ new frying pan last week. It's ___ cast iron pan.

JESSIE Oh yeah, I have ___ one of those.

THOMAS Well, then you know ___ handle is made of ___ metal, right?

JESSIE Oh no...

THOMAS Yes. I forgot that the handle was ___ metal, and I grabbed it after I finished cooking ___ my breakfast.

JESSIE Oh, that's terrible!

The answer is ...

THOMAS Hey Jessie, how's it going?

JESSIE Pretty good, how about you? Oh, what happened to Ø your hand?

THOMAS I burned it on <u>the</u> stove. It's not too serious.

JESSIE Did you go to <u>the</u> hospital?

THOMAS No, no. I just put on Ø some cream.

JESSIE How did it happen?

THOMAS Well, I bought <u>a</u> new frying pan last week. It's <u>a</u> cast iron pan.

JESSIE Oh yeah, I have Ø one of those.

THOMAS Well, then you know that <u>the</u> handle is made of Ø metal, right?

JESSIE Oh no...

THOMAS Yes. I forgot that the handle was Ø metal, and I grabbed it after I finished cooking Ø my breakfast.

JESSIE Oh, that's terrible!

THOMAS Hey Jessie, how's it going?

JESSIE Pretty good, how about you? Oh, what happened to your hand?

THOMAS I burned it on the stove. It's not too serious.

JESSIE Did you go to the hospital?

THOMAS No, no. I just put on some cream.

JESSIE How did it happen?

THOMAS Well, I bought a new frying pan last week. It's a cast iron pan.

JESSIE Oh yeah, I have one of those.

THOMAS Well, then you know that the handle is made of metal,right?

JESSIE Oh no...

THOMAS Yes. I forgot that the

handle was metal, and
I grabbed it after I finished
cooking my breakfast.
JESSIE Oh, that's terrible!

토마스 안녕 제시, 요즘 어때?

제시 좋아, 너는 어때? 오, 네 손은 왜 그런 거야?

토마스 난로에 데였어. 그렇게 심각한 정도는
  아니야.

제시 병원에는 갔니?

토마스 아니, 안 갔어. 그냥 연고를 조금 발랐어.

제시 어쩌다가 그렇게 된 거야?

토마스 음, 지난 주에 새 프라이팬을 샀어. 무쇠
  팬으로.

제시 오, 알아, 나도 그거 하나 있어.

토마스 음, 그러면 손잡이도 쇠로 돼있다는 걸
  알겠네, 그렇지?

제시 오, 이런...

토마스 맞아. 손잡이가 금속이라는 걸 깜박하고
  아침 식사 요리를 하고 그걸 잡았지.

제시 오, 정말 끔찍해!

THOMAS Hey Jessie, how's it going?
JESSIE Pretty good, how about you? Oh, what happened to your **hand**?

Definite + Countable + Singular: the

Jessie가 Thomas 에게 소유 형용사 your를 사용했으므로 지시하는 바가 분명하지만 the의 자리를 대신하므로 관사는 쓰지 않는다.

THOMAS I burned it on the **stove**.

Definite + Countable + Singular: the

문맥상, 지시하는 바가 분명하다. 제시는 토마스가 the stove라고 했을 때 이는 the stove in Thomas를 언급한다는 것을 알 수 있다. 우리는 종종 가전제품(the stove, the refrigerator)이나 가구(the sofa, the TV)를 이야기할 때 정관사를 쓴다. 대부분의 가정에서 가전제품이나 가구가 하나씩 있다고 보기에 그렇다. 예를 들어, 우리가 의자를 the chair라고 하지는 않는데, 왜냐하면 보통 가정에 의자는 한 개 이상 있을 것이기 때문이다. 하지만 대부분의 가정에서 냉장고는 하나일 것이므로 the refrigerator라고 흔히 말한다. Thomas 집에 스토브가 하나일 것이므로, 명사 앞에 the를 사용했다.

It's not too serious.
JESSIE Did you go to the **hospital**?

Definite + Countable +
Singular: the

위의 스토브의 예와 같이, 마을 내 공공 장소(the hospital, the park, the cinema) 앞에 정관사를 사용한다. 이는 영어가 작은 마을에 이웃해 살던 시절부터 생겨나 그렇다. 은행 하나, 공원 하나, 시장 하나, 주유소 하나, 병원 하나와 같이 이백여 명의 사람들이 살고 있는 마을을 생각해 보라. 친구에게 I'm at the hospital이라고 하면 친구는 어느 병원을 말하고 있는지 아마 알 텐데 마을에 병원이 하나이기 때문이다. 이러한 관사의 예외적 사용이 오늘날까지 이어졌다. 참고로 말하자면, 영국 영어에서는 병원(hospital) 앞에 the를 쓰지 않는다(go to hospital). 이는 미국인이 school과 work에 the를 쓰지 않고 go to school, go to work라고 하는 경우와 유사한 예이다.

THOMAS No, no. I just put on some **cream**.

Indefinite + Uncountable:
Ø (no article)

제시가 어떤 연고에 대한 것인지 알지 못하기 때문에 지시하는 바가 분명하지 않다. 이 문맥에서 만약 토마스가 I just put on the cream이라고 말했다면 제시는 아마도 which cream?(무슨 크림)이냐고 물었을 것이다. 이 경우에 the를 사용하는 것은 오히려 내용을 혼란스럽게 한다. 지시하는 바가 분명하지 않고 셀 수 없기 때문에, 관사가 사용되지 않는다.

JESSIE How did it happen?
THOMAS Well, I bought a new frying pan

Indefinite + Countable +
Singular: a/an

토마스는 새로운 요소를 대화/이야기에 소개하고 있다. 프라이팬에 대해 처음 언급하고 있어 지시하는 바가 구체적이지 않다. 또한 셀 수 있고 단수이기 때문에 a/an이 쓰인다.

last week. It's a cast iron pan.

Indefinite + Countable +
Singular: a/an

위에 나온 예시(frying pan)처럼, 토마스는 어떤 팬인지 제시에게 말해주지 않은 채로 팬의 성질을 설명하고 있다. 무언가를 설명할 때에는 정관사를 거의 쓰지 않는다. 지시하는 바가 분명하지 않고 셀 수 있고 단수이기 때문에 a/an이 쓰인다.

JESSIE Oh yeah, I have one

Exception

이는 pan을 뜻하는 대명사이다. 다른 대명사와 달리 one은 지시하는 바가 분명할 수도, 그렇지 않을 수도 있다. 이 경우는 후자인데 제시가 팬을 대화에서 처음 소개하고 있기 때문이다. 제시가 I have one이라고 말하기 전에 토마스는 제시의 팬을 몰랐으므로 구체적이지 않다. one이 지시하는 바가 분명한 경우라면 the one I bought yesterday (내가 어제 산 것)와 같이 the가 추가된다.

# of those.
THOMAS Well, then you know that the **handle**

Definite + Countable +
Singular: the

문맥상 제시는 어떤 손잡이에 대한 것인지 알고
있다. 또한, 이 문장의 목적은 손잡이에 대해
소개하려는 것이 아니라는 점을 주목하자. 토마스는
I bought a handle(손잡이 하나를 샀다) 혹은
There is a handle(손잡이가 있다)고 말하지
않았다. 이는 토마스가 프라이팬에 대해 처음으로
소개했던 때와 다르다. 지시하는 바가 분명하므로
the가 추가된다.

made of
metal,

Indefinite + Uncountable:
Ø (no article)

일반적으로 재질(목재, 플라스틱, 금속, 천)에 대해
말할 때 정관사를 쓰지 않는다. 지시하는 바가
구체적이지 않고 셀 수 없기 때문에 관사가 사용되지
않는다.

right?

JESSIE Oh no...

THOMAS Yes. I forgot that the **handle**

Definite + Countable + Singular: the	제시가 어떤 손잡이인지 문맥상 알고 있기 때문에 지시하는 바가 분명하므로 the가 쓰인다.

was metal, and I grabbed it after I finished cooking my **breakfast**.

Definite + Countable + Singular: the	Thomas가 어떤 아침 식사에 대해 말하고 있는지 my가 Jessie 에게 알려주고 있기 때문에 지시하는 바가 분명하다. 하지만 소유 형용사 my가 the의 자리를 대신하므로 정관사 the는 쓰지 않는다.

JESSIE Oh, that's terrible!

비로소 알게 된 관사

THOMAS Hey Jessie, how's it going?

JESSIE Pretty good, how about you? Oh, what happened to ___ your hand?

THOMAS I burned it on ___ stove. It's not too serious.

JESSIE Did you go to ___ hospital?

THOMAS No, no. I just put on ___ some cream.

JESSIE How did it happen?

THOMAS Well, I bought ___ new frying pan last week. It's ___ cast iron pan.

JESSIE Oh yeah, I have ___ one of those.

THOMAS Well, then you know ___ handle is made of ___ metal, right?

JESSIE Oh no...

THOMAS Yes. I forgot that the handle was ___ metal, and I grabbed it after I finished cooking ___ my breakfast.

JESSIE Oh, that's terrible!

The question is ...

JENNIFER Hello, this is ___ Townsend Publishing.

JAMES Hello there. I would like ___ some information about ___ book signing on ___ Monday.

JENNIFER Sure, I can help you. You are talking about ___ event with ___ author Paul Flanders, is that right?

JAMES Yes, right. Could you tell me ___ location and ___ time it will begin?

JENNIFER It will be held at ___ Boggle Bookstore, starting at 2:30pm.

JAMES Oh, is that ___ Boggle Bookstore on ___ Main Street?

JENNIFER No, sorry, it's ___ one on ___ Pine Street.

JAMES All right, thanks. How long will ___ author be there?

JENNIFER He will be signing ___ books until around 5:00.

JAMES Ok, thank you!

JENNIFER You're welcome.

The answer is ...

JENNIFER Hello, this is Ø Townsend Publishing.

JAMES Hello there. I would like Ø some information about the book signing on Ø Monday.

JENNIFER Sure, I can help you. You are talking about the event with the author Paul Flanders, is that right?

JAMES Yes, right. Could you tell me the location and the time it will begin?

JENNIFER It will be held at Ø Boggle Bookstore, starting at 2:30pm.

JAMES Oh, is that the Boggle Bookstore on Ø Main Street?

JENNIFER No, sorry, it's the one on Ø Pine Street.

JAMES All right, thanks. How long will the author be there?

JENNIFER He will be signing Ø books until around 5:00.

JAMES Ok, thank you!

JENNIFER You're welcome.

JENNIFER Hello, this is Townsend Publishing.

JAMES Hello there. I would like some information about the book signing on Monday.

JENNIFER Sure, I can help you. You are talking about the event with the author Paul Flanders, is that right?

JAMES Yes, right. Could you tell me the location and the time it will begin?

JENNIFER It will be held at Boggle Bookstore, starting at 2:30pm.

JAMES Oh, is that the Boggle Bookstore on Main Street?

JENNIFER No, sorry, it's the one on Pine Street.

JAMES All right, thanks. How long will the author be there?

JENNIFER He will be signing books

until around 5:00.

JAMES Ok, thank you!

JENNIFER You're welcome.

제니퍼 안녕하세요, Townsend 출판사입니다.

제임스 안녕하세요, 월요일에 있을 책 사인회에 대한 정보를 알고 싶은데요.

제니퍼 물론입니다, 도와드릴 수 있습니다. Paul Flanders 저자분과 관련된 행사에 대해 말씀하고 계신 것이 맞나요?

제임스 예, 그렇습니다. 장소와 시작하는 시간을 알려주실 수 있나요?

제니퍼 Boggle 서점에서 오후 2시 20분에 열릴 예정입니다.

제임스 아, Main Street에 있는 Boggle 서점말이죠?

제니퍼 아뇨, 죄송합니다, Pine Street에 있는 것입니다.

제임스 그렇군요, 감사합니다. 얼마나 진행이 되나요?

제니퍼 5시 정도까지 사인회를 진행할 겁니다.

제임스 알겠습니다, 감사합니다.

제니퍼 천만에요.

JENNIFER Hello, this is **Townsend Publishing**.

Exception

회사 이름이기 때문에 고유 명사로 관사를 사용하지 않는다. 예를 들어, 사람 이름 앞에 the를 붙여 Hello, I am the Michael Scott이라고 말하지 않는다.

JAMES Hello there. I would like some **information**

Indefinite + Uncountable: Ø (no article)

이 문장의 목적은 (처음으로) 통화의 목적을 소개하는 것이다. 이처럼 새로운 정보를 공유하려고 할 때에 대개 지시하는 바가 분명하지 않다. about the book signing이라는 구가 있지만 이 구는 제니퍼에게 어떤 종류의 정보인지 알려줄 뿐 어느 특정한 정보인지 알려주지 못한다. 또한 셀 수 없으므로 관사를 사용하지 않는다.

about the **book signing**

Definite + Countable + Singular: the

on Monday라는 구는 제니퍼에게 제임스가 어떤 책 사인회에 대해 말하고 있는지 알려준다. 이 경우, 제임스는 월요일에 있을 책 사인회가 하나일 것이라 추정하므로 정관사 the를 쓰는 것이다.

on **Monday.**

일반적으로 요일 앞에는 관사를 사용하지 않는다.
만약 말하는 사람/글쓴이가 이번 월요일(this
Monday) 혹은 저번 월요일(last Monday)에 대해
말하는 것이 아니라면 이 규칙에는 예외가 생긴다.
그러한 경우, 말하는 이/글쓴이는 어떤 월요일에
대한 것인지 정확하게 할 필요가 있다. 예를 들어,
On the second Monday of each month,
I water my plants(매월 두 번째 월요일마다 나는
식물에 물을 준다) 혹은 We are getting married
on the Saturday after Christmas(우리는
크리스마스 다음에 있는 토요일에 결혼한다)가
있을 수 있다. 다만, 이번 경우에는 제임스가
다음/이번 월요일에 대해 말하는 것이므로 관사가
필요하지 않다.

JENNIFER Sure, I can help you. You are talking about the **event**

Definite + Countable +
Singular: the

with the author Paul Flanders라는 구가 어떤
책 사인회인지 명확하게 만들어주기 때문에 the가
쓰인다.

with the **author**

<table>
<tr>
<td>Definite + Countable +
Singular: the</td>
<td>Paul Flanders라는 이름이 어떤 작가에 대한
것인지 명확하게 만들기 때문에 지시하는 바가
분명하다. 비슷한 예로는 다음의 예가 있다.
The planet MARS is very large(화성이라는
행성은 매우 크다), The name JUDY was very
popular at that time(JUDY라는 이름은
그 시기에 매우 유행했다), The actor Tom Cruise
starred in the movie SPEED(Tom Cruise라는
배우는 SPEED라는 영화의 주연을 맡았다).</td>
</tr>
</table>

Paul Flanders, is that right?
JAMES Yes, right. Could you tell me the **location** and the **time**

<table>
<tr>
<td>Definite + Countable +
Singular: the</td>
<td>두 명사(location, tme) 모두 지시하는 바가
분명하다. 제임스가 어떤 장소와 시간에 대해
말하고 있는지 제니퍼에게 알려주는 (that) it will
begin이라는 형용사절을 사용했기 때문이다.
형용사절은 종종 명사를 정의하기 위해 쓰인다. 예를
들어, The apple THAT YOU ATE had a worm
in it(당신이 먹은 사과에 애벌레가 있었다) 혹은
The man WHO ROBBED ME was 80 years
old(내게 도둑질을 했던 사람이 80살이었다)가
있다. 이 명사들(locaiton, time)이 지시하는 바가
분명하므로 두 명사 모두 the를 썼다.</td>
</tr>
</table>

모든 관사를 설명합니다

it will begin?

JENNIFER It will be held at **Boggle Bookstore**,

Exception

사업체의 이름과 같은 이러한 고유 명사 앞에서는 관사를 사용하지 않는다. 바로 아래의 예시에서 예외를 보게 되겠지만 말이다.

starting at 2:30pm.

JAMES Oh, is that the **Boggle Bookstore**

Definite + Countable + Singular: the

매우 드문 경우지만 the가 고유 명사 앞에 쓰인 것을 볼 수 있다. 제임스는 마을에 같은 이름의 서점이 두 곳 있다는 것을 알고 있다. 따라서 제니퍼가 말하는 서점이 어떤 Boggle 서점인지 밝힐 필요가 있으므로 고유명사더라도 the를 썼다. 비슷한 예로 다음의 경우가 있을 수 있다. 예를 들어, 같은 대학교 안에 Professor Smith라는 이름을 가진 두 명의 교수가 있다고 쳐보자. 이런 대화를 들을 수 있을 것이다: Who teaches that class? (누가 그 수업 가르쳐?), Professor Smith(스미스 교수님). Is that the Professor Smith with the glasses?(안경 쓰신 스미스 교수님?), No, it's the one who drives a motorcycle(아니, 오토바이 타시는 분).

on **Main Street**?

Exception	거리 이름은 고유 명사이므로 관사를 사용하지 않는다.

JENNIFER No, sorry, it's the **one**

Definite + Countable + Singular: the	앞서 보았듯이, 여기에는 같은 이름의 서점이 두 곳 있다. 제니퍼가 어떤 것에 대해 말하고 있는 것인지 명시했기 때문에 지시하는 바가 분명하므로 the가 쓰인다.

on **Pine Street**.

Exception	다시 거리 이름이 나왔다. 고유 명사이므로 관사를 사용하지 않는다.

JAMES All right, thanks. How long will the **author**

Definite + Countable + Singular: the	제니퍼는 대화 앞부분에 나왔기 때문에 어떤 작가인지 알고 있다. 지시하는 바가 분명하므로 the가 필수적으로 추가되어야 한다.

be there?

JENNIFER **He will be signing books**

Indefinite + Countable +
Plural: Ø (no article)

이번 해당 명사는 지시하는 바가 분명하지 않다.
화자는 이제껏 books를 언급하지 않았으므로
여기서 the books라고 한다면 의미가 통하지 않을
것이다. 또한 복수이므로 관사가 필요치 않다.

until around 5:00.

JAMES Ok, thank you!

JENNIFER You're welcome.

<u>비로소 알게 된 관사</u>

JENNIFER Hello, this is ___ Townsend Publishing.

JAMES Hello there. I would like ___ some information about ___ book signing on ___ Monday.

JENNIFER Sure, I can help you. You are talking about ___ event with ___ author Paul Flanders, is that right?

JAMES Yes, right. Could you tell me ___ location and ___ time it will begin?

JENNIFER It will be held at ___ Boggle Bookstore, starting at 2:30pm.

JAMES Oh, is that ___ Boggle Bookstore on ___ Main Street?

JENNIFER No, sorry, it's ___ one on ___ Pine Street.

JAMES All right, thanks. How long will ___ author be there?

JENNIFER He will be signing ___ books until around 5:00.

JAMES Ok, thank you!

JENNIFER You're welcome.

The question is ...

CUSTOMER Good ___ afternoon. I would like ___ some information about ___ ski camp for ___ my daughter. ___ friend of mine sent ___ his children here for ___ day camp last year, and he told me they really enjoyed it. She's 13 years old.

STAFF Sure, we have ___ a few options available. What date would she like to attend ___ camp?

CUSTOMER Well, ___ weekend of December 15th and 16th would be ideal.

STAFF That's ___ no problem; we have plenty of ___ openings on ___ that weekend. Since ___ your daughter is a little older, we have ___ Full Weekend Camp available, where she would spend ___ night in one of ___ our cabins.

The answer is ...

CUSTOMER Good Ø afternoon. I would like Ø some information about a ski camp for Ø my daughter. A friend of mine sent Ø his children here for a day camp last year, and he told me they really enjoyed it. She's 13 years old.

STAFF Sure, we have Ø a few options available. What date would she like to attend a camp?

CUSTOMER Well, the weekend of December 15th and 16th would be ideal.

STAFF That's Ø no problem; we have plenty of Ø openings on Ø that weekend. Since Ø your daughter is a little older, we have a Full Weekend Camp available, where she would spend the night in one of Ø our cabins.

CUSTOMER Good afternoon.
I would like some information about a ski camp for my daughter. A friend of mine sent his children here for a day camp last year, and he told me they really enjoyed it. She's 13 years old.

STAFF Sure, we have a few options available. What date would she like to attend a camp?

CUSTOMER Well, the weekend of December 15th and 16th would be ideal.

STAFF That's no problem; we have plenty of openings on that weekend. Since your daughter is a little older, we have a Full Weekend Camp available, where she would spend the night in one of our cabins.

고객 안녕하세요. 제 딸이 참가할 스키 캠프에
    대한 정보를 얻고 싶습니다. 작년에 제 친구가
    아이들을 이곳에 하루 캠프를 보냈었는데 매우
    좋았다고 하더라고요. 제 딸 아이는 13살입니다.
직원 물론입니다, 몇 가지 옵션이 가능합니다.
    캠프에 참가하고 싶어하는 날짜가 언제인가요?
고객 음, 주말인 12월 15일과 16일이 좋을 것
    같습니다.
직원 좋습니다. 그 주말에 개강하는 수업들이
    많습니다. 따님 연령대로는 주말 캠프(Full
    Weekend Camp)에 참여하실 수 있는데,
    그렇게 되면 저희 숙소에서 숙박을 할 수
    있습니다.

CUSTOMER Good **afternoon.**

Exception

good morning과 good night과 같은 인사의 일부로, 이러한 관용구에서는 관사를 필요로 하지 않는다.

I would like some **information**

Indefinite + Uncountable: Ø
(no article)

고객이 어떤 정보를 찾고 있는지 모르기 때문에 지시하는 바가 구체적이지 않다. 고객이 about a ski camp라고 말했기 때문에 그녀가 듣고 싶어하는 정보에 대해 대강의 아이디어는 있다. 하지만 문장 속에서 information을 언급하는 것은 이번이 처음으로 목적은 문장 속에서 주제를 소개하는 것이다. 새로운 주제를 처음으로 소개할 때에는 매우 특정적이지 않는 한 정해진 명사가 아니다. 예를 들어, 당신 쪽으로 걸어가 I like the shoes you are wearing(당신이 신고 있는 신발이 마음에 든다)고 말할 수 있을 것이다. 이 경우, 해당 명사는 매우 특정적이기 때문에 지시하는 바가 분명하다. 하지만 만약 I want to buy a new car(나는 새 자동차가 갖고 싶다)고 말할 경우, 이 주제에 대해서 대화를 시작하려고 한 것일뿐 특정한 차를 언급하고 있는 것은 아니다.

information은 셀 수 없으며 지시하는 바가 구체적이지 않으므로 아무 관사도 사용되지 않았다. 화자는 some이라는 단어를 명사 앞에 추가하기로 결정했지만 꼭 필요한 것은 아니다.

about a **ski camp**

Indefinite + Countable +
Singular: a/an

고객은 이들이 어떤 스키 캠프에 대해서 말하고
있는지 확실히 알지 못하며 대신, 이 주제를 대화
속에서 소개하려 하고 있다. 해당 명사는 지시하는
바가 구체적이지 않고 셀 수 있으며 단수이므로
a/an을 사용했다.

for my **daughter.**

Definite + Countable +
Singular: the

고객이 자신의 딸에 대해 이야기 하고 있기 때문에
지시하는 바가 분명하며 소유 형용사 my는 the를
대신해 쓰인다.

A friend

Indefinite + Countable +
Singular: a/an

고객이 어떤 친구를 일컫고 있는지 직원은 알지
못하기 때문에(알 필요도 없다) 지시하는 바가
구체적이지 않고 셀 수 있으며 단수이므로 a/an이
사용되었다.

화자는 a friend of mine(나의 친구 중 한
명) 대신 my friend(나의 친구)를 사용할 수도
있었겠지만 누구의 친구인지는 이 대화에서
중요하지 않기 때문에 문맥상 조금 이상했을 것이다.

of mine
sent his **children**

직원은 고객이 어떤 아이들(친구의 자녀들)인지 알고 있기 때문에 지시하는 바가 분명하다. 고객이 friend를 이미 언급했기 때문에 이 경우에는 이전의 a friend of mine와 다르게 his children 이라고 말하는 것이 어색하지 않다. 이 경우, 위의 my daughter에서 보았듯이, 화자는 대화를 더욱 직설적으로 만들기 위해 the 대신에 his (소유 대명사)를 쓰기로 선택했다.

here for a **day**
camp

Indefinite + Countable + Singular: a/an

위의 a ski camp와 같이, 다양한 캠프가 제시될 수 있기에 고객은 정확히 어느 캠프를 일컫고 있는지 확실히 알지 못한다. 지시하는 바가 구체적이지 않고 셀 수 있고 단수이므로 a/an이 사용되었다.

last year, and he told me they really enjoyed it. She's 13 years old.

STAFF Sure, we have a few **options**

Indefinite + Countable + Plural: Ø (no article)

직원은 정확히 어떤 옵션들이 가능한지 알고 있지만 고객은 알지 못한다. 직원이 이 주제를 대화 속에서 처음으로 소개했으므로 지시하는 바가 구체적이지 않다. 또한 셀 수 있으며 복수이므로 아무런 관사도 사용되지 않았다. 대신에 고객은 a few(몇몇의)를 사용함으로써 옵션의 수량을 대략적으로 나타냈다. 하지만 이 표현은 삭제해도 문법적으로 문제가 없다.

available. What date would she like to attend a **camp**?

Indefinite + Countable + Singular: a/an

직원은 계속해서 몇몇 캠프를 말하고 있지만 아직 특정 캠프를 언급하진 않았다. 또한 셀 수 있고 단수이며 지시하는 바가 구체적이지 않으므로 a/an이 사용되었다.

CUSTOMER Well, the **weekend**

Definite + Countable + Singular: the

고객은 정확히 어떤 주말을 일컫고 있는지 확실히 하기 위하여 of December 15th and 16th라는 구절을 사용했기 때문에 지시하는 바가 분명하다. 이것은 the Republic of Korea(대한민국), the rise of Stalin(스탈린의 집권)처럼 of로 시작하는 구절에서 매우 흔한 사용법이다.

# of December 15th and 16th would be ideal.
STAFF That's no **problem;**

Exception

no problem에서 problem이 단수이자 구체적이지 않은 명사이기 때문에 사실 문법적으로 오류지만 관용구라 그대로 둔다. 같은 의미로 That's not a problem으로 표현할 수 있는데 여기서 problem이 구체적이지 않기 때문에 a/an을 사용한 것을 볼 수 있다. 즉, No problem은 문법적으로는 틀린 구절이지만 매우 빈번히 쓰인다.

we have plenty of **openings**

Indefinite + Countable +
Plural: Ø (no article)

직원이 이 명사를 대화 속에서 처음으로 소개하고
있기 때문에 지시하는 바가 구체적이지 않다.
이는 앞서 나온 We have a few options의 경우와
유사하다. 즉 지시하는 바가 구체적이지 않으며
셀 수 있고 복수이므로 아무런 관사도 사용하지
않았다. 하지만 여기서 직원은 plenty of를
사용하여 수량의 정보를 보충하고 있는데, 이는
삭제를 해도 문법적으로는 무방하다.

on that **weekend.**

Definite + Countable +
Singular: the

화자 모두 정확히 어떤 주말을 일컫고 있는지 알고
있기 때문에 지시하는 바가 분명하다. 그들은
대화 초반에 이 주말에 대해 언급했었다. 또한
여기서 직원은 지시 형용사(this, that, these,
those)를 the 대신 사용해 지시하는 바를 매우
직접적으로 연결시켰다.

Since your **daughter**

Definite + Countable +
Singular: the

양쪽 화자가 모두 딸을 알고 있기 때문에 지시하는
바가 분명하다. 직원은 언급 대상을 더욱 명확하게
하기 위하여 the 대신에 your를 사용했다.

is a little older, we have a **Full Weekend Camp**

캠프의 전체 이름을 사용하면서까지 직원이 특정한 캠프를 언급하고 있지만 해당 명사는 부정관사를 썼다. 캠프의 이름에 camp라는 단어가 들어있고 직원이 이것을 대화 속에서 처음으로 소개하고 있기 때문이며 엄밀히 말하면 고유 명사임에도 화자는 해당 명사를 구체적이지 않은 명사로 사용하기로 결정했기 때문이다.

available, where she would spend the **night**

해당 명사를 the 없이 a night이라고 말해도 자연스럽게 들렸을 것이다. 하지만 여기서 우리는 이것이 주말 캠프라는 것을 알고 있기 때문에 the night이 토요일 밤을 의미하는 것으로 추측할 수 있으므로 지시하는 바가 분명하다고 생각할 수 있을 것이다. 하지만 만약 화자가 a night을 사용하기로 결정했다면 토요일 밤이라고 언급하는 것이 명확하지 않은 상황에서 단순히 하룻밤을 일컫는 것일 수도 있다. 여기서 직원은 해당 명사를 지시하는 바가 구체적인 명사로 사용하고자 했기 때문에 the가 사용되었다.

in one of our **cabins.**

Definite + Countable +
Plural: the

our의 사용이 직원이 어느 숙소를 말하는지 확실히
해주기 때문에 지시하는 바가 분명하지만 소유
형용사 our가 the의 자리를 대신하므로 관사는
쓰지 않는다.

비로소 알게 된 관사

CUSTOMER Good ___ afternoon. I would like ___ some information about ___ ski camp for ___ my daughter. ___ friend of mine sent ___ his children here for ___ day camp last year, and he told me they really enjoyed it. She's 13 years old.

STAFF Sure, we have ___ few options available. What date would she like to attend ___ camp?

CUSTOMER Well, ___ weekend of December 15th and 16th would be ideal.

STAFF That's ___ no problem; we have plenty of ___ openings on ___ that weekend. Since ___ your daughter is a little older, we have ___ Full Weekend Camp available, where she would spend ___ night in one of ___ our cabins.

Unit 5　　Two Brothers

The question is ...

(Two brothers are talking).

KEVIN Did you hear ___ news?

BOBBY No, what are you talking about?

KEVIN Jason failed ___ math test, and now ___ his parents won't let him go to ___ concert.

BOBBY No way! That's ___ terrible news. ___ His parents are so strict.

KEVIN I know. And he was going to drive, too. Now we have no way to get there.

BOBBY We could ask ___ Mom and ___ Dad to borrow ___ truck for ___ weekend.

KEVIN ___ truck is in ___ shop, remember?

BOBBY Oh right. Maybe it will be fixed before ___ Friday. It's just ___ problem with ___ steering, right?

KEVIN True. We could talk to ___ mechanic and ask him to hurry.

The answer is ...

(Two brothers are talking).

KEVIN Did you hear <u>the</u> news?

BOBBY No, what are you talking about?

KEVIN Jason failed <u>the</u> math test, and now Ø his parents won't let him go to <u>the</u> concert.

BOBBY No way! That's Ø terrible news. Ø His parents are so strict.

KEVIN I know. And he was going to drive, too. Now we have no way to get there.

BOBBY We could ask Ø Mom and Ø Dad to borrow <u>the</u> truck for <u>the</u> weekend.

KEVIN <u>The</u> truck is in <u>the</u> shop, remember?

BOBBY Oh right. Maybe it will be fixed before Ø Friday. It's just <u>a</u> problem with <u>the</u> steering, right?

KEVIN True. We could talk to <u>the</u> mechanic and ask him to hurry.

(Two brothers are talking).

KEVIN Did you hear the news?

BOBBY No, what are you talking about?

KEVIN Jason failed the math test, and now his parents won't let him go to the concert.

BOBBY No way! That's terrible news. His parents are so strict.

KEVIN I know. And he was going to drive, too. Now we have no way to get there.

BOBBY We could ask Mom and Dad to borrow the truck for the weekend.

KEVIN The truck is in the shop, remember?

BOBBY Oh right. Maybe it will be fixed before Friday. It's just a problem with the steering, right?

KEVIN True. We could talk to the mechanic and ask him to hurry.

(두 형제가 얘기하고 있다).

케빈 소식 들었어?

바비 아니, 뭔데?

케빈 제이슨이 수학 시험에서 낙제했대. 그래서 부모님이 콘서트에 가지 못하게 할 거라고 하네.

바비 말도 안돼! 끔찍한 소식이네. 부모님께서 매우 엄격하시구나.

케빈 그러게. 제이슨이 운전하려 했는데 말이야. 이제 갈 수가 없네.

바비 엄마나 아빠께 주말 동안만 트럭을 빌려달라고 물어볼 수 있을 거야.

케빈 트럭은 수리점에 있잖아, 기억하지?

바비 아 맞다. 아마 금요일 전까진 고칠 거야. 핸들 문제였던 것뿐이니까, 맞지?

케빈 맞아.수리점에 말해서 서둘러 달라고 부탁해볼 수 있을 거야.

(Two brothers are talking).

KEVIN Did you hear the **news**?

Definite + Uncountable: the

케빈이 매우 특정한 소식 하나에 대해 말하고 있기 때문에 지시하는 바가 분명하다. 대화 중이 아니라면 드문 일이겠지만 바비는 케빈이 어떤 소식에 대해 이야기 하고 있는 것인지 알지 못한다. 하지만 여기서 케빈은 바비가 흥미를 갖도록 노력하고 있고 the news라고 사용함으로써 케빈이 Which news?(어떤 소식?)인지 생각하게 만든다. 따라서 케빈은 the를 사용했다.

BOBBY No, what are you talking about?
KEVIN Jason failed the **math test**,

Definite + Countable +
Singular: the

두 형제 간에 공유되고 있는 상황이 있기 때문에 지시하는 바가 분명하다. 바비와 케빈은 모두 같은 학교에 다니기 때문에 그들이 말하고 있는 수학 시험이 어떤 것인지 이미 알고 있는 상황이다. 이는 서로 잘 알고 있는 두 사람 간의 대화에서 흔하게 나타난다. 지시하는 바가 분명하므로 케빈은 the를 사용했다.

and now his **parents**

Definite + Countable +
Plural: the

케빈이 누구의 부모님(제이슨의 부모님)에 대해
이야기 하고 있는지 바비가 알고 있기 때문에
지시하는 바가 분명하지만 소유 형용사 his가 the의
자리를 대신하므로 관사는 쓰지 않는다.

won't let him go to the **concert**.

Definite + Countable +
Singular: the

공유되고 있는 상황으로 인해 지시하는 바가
분명하다. 바비와 케빈, 제이슨이 이미 콘서트에
함께 가기로 했다는 것을 추측할 수 있다. 그래서
케빈이 어떤 콘서트에 대해 이야기 하고 있는지
바비는 알고 있다. 지시하는 바가 분명하므로 케빈은
the를 사용했다.

BOBBY No way! That's terrible **news**.

Indefinite + Uncountable:
Ø (no article)

문장이 That is로 시작하기 때문에 지시하는 바가
분명하지 않다. 물론, 어떤 소식에 대해 이야기하고
있는지 두 형제 모두 알고 있다. 하지만 문장이
This is 혹은 That is로 시작할 때의 목적은
무언가를 소개하거나 설명하는 것이기 때문에
지시하는 바가 구체적이지 않다. 예를 들어,
펜 하나를 들고 This is a green pen이라고 할
수 있다. 물론, 이때 상대방은 내가 어떤 펜에 대해
이야기하고 있는지 알 수 있을 것이다. 하지만

나의 목적은 이 펜을 상대에게 소개하는 것이므로 the는 사용되지 않는다. 또 다른 예시로, 만약 함께 노을을 바라보고 있다고 한다면 상대방이 That is a beautiful sunset(저기 노을이 참 아름답다)라고 말할 수 있을 것이다. 물론, 이때 상대방이 어떤 노을을 말하고 있는지 청자는 알고 있겠지만 문장을 That is로 시작해서 명사를 지시하는 바가 분명하지 않은 명사로 만드는 것이다.

news는 사실 -s로 끝나긴 하지만 셀 수 없는 명사다. 따라서 바비는 앞에 관사를 사용하지 않았다.

His **parents**

Definite + Countable + Plural: the

앞에서 보았듯이 바비가 말하고 있는 부모님이 누구인지 두 형제 모두 알고 있기 때문에 parents는 지시하는 바가 분명하지만 소유 형용사 his가 the의 자리를 대신하므로 관사는 쓰지 않는다.

are so strict.

EVIN I know. And he was going to drive, too. Now we have no way to get there.

OBBY We could ask **Mom** and **Dad**

ception

Mom과 Dad는 여기서 사람 이름처럼 사용되었으므로 관사를 붙이지 않는다. 바비는 We could ask our mom and dad라고도 말할 수 있었고 이 역시 옳은 문장이었을 것이다. 하지만 바비가 그의 형제에게 말하고 있기 때문에 이 명사들을 이름처럼 사용했을 가능성이 크다. 케빈 역시 Mom과 Dad로 부를 것이기 때문이다. 만약 바비가 형제가 아닌 다른 사람에게 말하고 있었다면 I could ask my mom and dad라고 말했을 것이다.

to borrow the **truck**

efinite + Countable +
ngular: the

문맥상 지시하는 바가 분명하므로 바비가 the를 사용했다. 이 가족은 아마 한 대의 트럭만을 가지고 있을 것이다. 따라서 바비가 the truck이라고 말했을 때 케빈은 어떤 트럭을 말하고 있는지 알았을 것이다. 서로 말하고 있는 대상이 무엇인지 알고 있는 대화에서 흔하게 생기는 상황이다. 위의 the concert와 the math test의 예와 같다.

for the weekend.

Definite + Countable +
Singular: the

지시하는 바가 분명하므로 the가 사용되었다.
두 형제 모두 어떤 주말(콘서트가 있는 주말)에
대해 이야기 하고 있는지 알고 있기 때문에 정관사
the를 쓴다.

KEVIN The truck

Definite + Countable +
Singular: the

앞에서 보았듯이 두 형제 모두 어떤 트럭인지 알고
있기 때문에 지시하는 바가 분명하므로 the가
사용되었다.

is in the shop,

Definite + Countable +
Singular: the

이 문맥에서 shop은 자동차 수리점을 뜻한다.
대부분의 도시에서 같은 형태로 여러 곳에 존재하는
장소들이 있다. 자동차 수리점은 어디를 가나
대개 비슷하다. 수리점은 특징과 서비스에서
크게 차이가 없다. 이러한 장소들의 경우 듣는이/
읽는이가 정확히 어떤 수리점인지 모를지라도
보통 the를 앞에 사용한다. 예를 들어 the
beach(해변), the park(공원), the dry cleaners
(세탁소), the hospital(병원)도 이와 비슷한
경우로 the를 사용한다.

remember?

BOBBY Oh right. Maybe it will be fixed before **Friday**.

| Exception | 요일 앞에는 관사를 붙이지 않는다. |

It's just

a **problem**

| Indefinite + Countable + Singular: a/an | 두 형제 모두 어떤 문제인지 알지 못하기 때문에 지시하는 바가 구체적이지 않다. 그들은 단지 핸들에 어떤 문제가 있고 그것이 고쳐지고 있다는 정도만 알고 있다. problem이라는 단어는 셀 수 있으며 단수이기 때문에 a를 앞에 사용해야 한다. |

with the **steering**,

| Definite + Uncountable: the | 두 형제 모두 그들이 트럭의 핸들을 일컫고 있다는 것을 알고 있기 때문에 지시하는 바가 분명하므로 the가 사용되었다. |

right?

KEVIN True. We could talk to the **mechanic**

Definite + Countable +
Singular: the

케빈이 언급하는 정비공을 형제 모두 알고 있다. 지시하는 바가 분명하므로 the를 쓴다.

and ask him to hurry.

비로소 알게 된 관사

(Two brothers are talking).

KEVIN Did you hear ___ news?

BOBBY No, what are you talking about?

KEVIN Jason failed ___ math test, and now ___ his parents won't let him go to ___ concert.

BOBBY No way! That's ___ terrible news. ___ His parents are so strict.

KEVIN I know. And he was going to drive, too. Now we have no way to get there.

BOBBY We could ask ___ Mom and ___ Dad to borrow ___ truck for ___ weekend.

KEVIN ___ truck is in ___ shop, remember?

BOBBY Oh right. Maybe it will be fixed before ___ Friday. It's just ___ problem with ___ steering, right?

KEVIN True. We could talk to ___ mechanic and ask him to hurry.

Chapter

2

Article

Chapter 2 - Article

Unit 1   Tooth Decay

The question is ...

___ provided line graph describes what happens when we consume ___ sweet foods in the form of ___ fruit sugar, ___ honey, and ___ cane sugar, and how ___ resulting increased acid levels create ___ potential for ___ tooth decay.

As is presented in ___ graph, ___ sugar consumption in ___ various forms leads to ___ higher acidity, represented by ___ lower PH levels. ___ These PH levels are at their lowest at ___ 5 minutes after eating ___ sugar, and they gradually increase until they reach 5.5, at which point ___ tooth decay is no longer likely.

___ Cane sugar is clearly ___ most dangerous type of ___ sugar, among those represented in ___ graph.

The answer is ...

<u>The</u> provided line graph describes what happens when we consume Ø sweet foods in the form of Ø fruit sugar, Ø honey, and Ø cane sugar, and how <u>the</u> resulting increased acid levels create <u>the</u> potential for Ø tooth decay.

As is presented in <u>the</u> graph, Ø sugar consumption in Ø various forms leads to Ø higher acidity, represented by Ø lower PH levels. Ø These PH levels are at their lowest at Ø 5 minutes after eating Ø sugar, and they gradually increase until they reach 5.5, at which point Ø tooth decay is no longer likely.

Ø Cane sugar is clearly <u>the</u> most dangerous type of Ø sugar, among those represented in <u>the</u> graph.

The provided line graph describes what happens when we consume sweet foods in the form of fruit sugar, honey, and cane sugar, and how the resulting increased acid levels create the potential for tooth decay.

As is presented in the graph, sugar consumption in various forms leads to higher acidity, represented by lower PH levels. These PH levels are at their lowest at 5 minutes after eating sugar, and they gradually increase until they reach 5.5, at which point tooth decay is no longer likely. Cane sugar is clearly the most dangerous type of sugar, among those represented in the graph.

해당 선 그래프는 단 음식을 각각 과당, 꿀,
사탕수수로 만든 설탕의 형태로 섭취했을 때 어떤
변화가 일어나는지, 그리고 결과적으로 높아진
산도가 충치의 가능성을 얼마나 높이는지 보여준다.
그래프에서 보는 바와 같이, 어떠한 형태로든
섭취된 설탕은 산도를 높이며 이는 낮게 표시된
PH 수치로 확인할 수 있다. 이러한 PH 수치는 설탕
섭취 5분 뒤 가장 낮아졌고 점진적으로 증가해
충치가 더이상 발생하지 않는 5.5까지 이른다.
사탕수수 설탕은 그래프에 제시된 성분 중 가장
충치에 걸리기 쉬운 설탕이다.

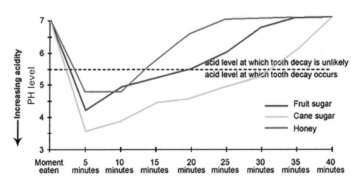

The provided **line graph**

문맥상 지시하는 바가 분명하므로 the를 사용했다. 그래프가 이미 독자에게 보이는 구도이기 때문에 독자는 해당 graph가 어떤 그래프인지 알고 있다. 좀더 명확히 글쓴이는 provided(제공된)이라는 단어를 사용함으로써 글쓴이가 어떤 그래프를 지칭하고 있는지 분명히 했다. 독자에게 시각 자료를 제공하는 경우 글쓴이는 the above picture(위 그림), the graph displayed above(위에 표시된 그래프), the chart below(아래 표)와 같은 추가적인 설명으로 명사를 구체적으로 만들 수 있다.

describes what happens when we consume sweet **foods**

글쓴이가 일반적인 단 음식을 언급하고 있기 때문에 지시하는 바가 구체적이지 않다. 대개, sweet foods와 같이 형용사가 명사 앞에 쓰이는 경우, 형용사는 어떤 종류의 음식인지만 알려줄 뿐 특정 음식을 지시하는 것은 아니다. 지시하는 바가 구체적이지 않고 복수이므로 어떠한 관사도 붙지 않았다.

in the form of **fruit sugar**, **honey**, and **cane sugar**,

Indefinite + Uncountable: Ø
(no article)

글쓴이가 특정한 종류의 과당, 꿀, 사탕수수 설탕에 대해 언급하는 것이 아니므로 지시하는 바가 분명하지 않다. 또한 셀 수 없으므로 어떠한 관사도 사용되지 않았다.

and how the resulting increased **acid levels**

Definite + Countable + Plural: the

resulting(결과적으로 초래된) 때문에 지시하는 바가 분명하므로 글쓴이가 어떤 levels를 언급하고 있는지 알 수 있다. 글쓴이는 일반적인 acid levels에 대해 이야기 하고 있는 것이 아니라 설탕 섭취 후 초래되는 특정한 산도에 대해 이야기하고 있다. sweet foods의 경우와 다르게 resulting이라는 형용사가 명사를 구체적으로 만든 경우이다.

create the **potential**

Definite + Uncountable: the

for tooth decay(충치가 생길) 구문으로 지시하는 바가 분명하다. 글쓴이는 이 구문을 통해 어떤 potential을 말하는지 알려주고 있다. 일반적인 가능성이 아닌, 충치가 생기는 특정한 가능성이다.

for **tooth decay.**

Indefinite + Uncountable: Ø
(no article)

글쓴이가 특정한 충치가 아닌, 일반적인 충치를 말하고 있기 때문에 지시하는 바가 구체적이지 않다. This can lead to health problems(이는 건강 문제를 일으킬 수 있다), I want to learn about car maintenance(차 정비를 배우고 싶다)도 이와 같다.

As is presented in the **graph,**

Definite + Countable +
Singular: the

이번에도 역시, 독자들이 그래프를 알기 때문에 지시하는 바가 분명하므로 the가 사용되었다. 하지만 글쓴이가 그래프에 대해 두 번째로 언급한 것이므로 pictured(그려진)나 above(위의) 같은 추가적인 설명을 더하지는 않았다.

sugar **consumption**

Indefinite + Uncountable: Ø
(no article)

글쓴이가 일반적인 설탕 섭취를 언급하고 있기 때문에 지시하는 바가 구체적이지 않고 셀 수 없으므로 관사가 필요 없다.

in various

forms

Indefinite + Countable +
Plural: Ø (no article)

글쓴이가 어떠한 forms(형태들)을 말하고 있는지
알 수 없기 때문에 지시하는 바가 구체적이지 않다.
various(다양한)이라는 형용사가 forms에
대한 정보를 주고 있지만 정확히 어떤 forms인지는
알려주지 않기 때문이다. 형용사가 명사를
정의하지 못하는 위의 sweet foods와 비슷하다고
할 수 있다. 또한 복수이므로 어떠한 관사도
사용되지 않았다.

leads to higher **acidity**,

Indefinite + Uncountable: Ø
(no article)

various forms와 동일하게, higher(더
높은)이라는 형용사가 acidity에 대한 정보를
알려주고 있긴 하지만 명사를 규정해주진 않는다.
또한 셀 수 없으므로 관사가 필요 없다.

represented by lower **PH levels**.

Indefinite + Countable +
Plural: Ø (no article)

sweet foods, various forms, higher acidity와
같은 예처럼 어떤 PH 수치(PH levels)인지
정확히 알 수 없기 때문에 지시하는 바가 구체적이지
않다. lower(더 낮은)이라는 형용사가 명사를
설명해 주지만 규정해주진 않고 있다. 또한
복수이므로 어떠한 관사도 사용되지 않았다.

These **PH levels**

Definite + Countable + Plural: the

글쓴이가 이미 PH levels를 언급했으며 동일한 PH levels를 다시 말하고 있기 때문에 지시하는 바가 분명하다. 이를 조금 더 명확하게 하기 위하여 글쓴이는 the 대신 these(이)라는 지시 형용사를 사용했다. 글쓴이가 강한 연결성을 밝히고자 할 때, 지시 형용사(this, these, that, those)는 정해진 명사 앞에서 the를 대체할 수 있다.

are at their lowest
at 5 **minutes**

Indefinite + Countable + Plural: Ø (no article)

5 minutes after eating sugar(설탕을 섭취한 후 5분)이라는 문구는 특정한 시간을 가리킨다. 예를 들어, 2:35 pm에 설탕을 섭취했다면 해당 구문은 정확히 2:40 pm을 가리킨다. noon(정오), midnight(자정), 4 o' clock(4시 정각) 등과 같이 구체적인 때를 가리키는 시간 앞에서 관사는 쓰지 않는다.

after eating **sugar,**

Indefinite + Uncountable: Ø (no article)

글쓴이가 일반적인 설탕에 대해 언급하고 있기 때문에 지시하는 바가 구체적이지 않다. 또한 셀 수 없으므로 어떠한 관사도 사용되지 않는다.

and they gradually increase until they reach 5.5, at which point **tooth decay**

Indefinite + Uncountable: Ø
(no article)

글쓴이가 특정한 충치가 아니라 일반적인 충치를 일컫고 있기 때문에 지시하는 바가 구체적이지 않다. 기사 전반을 보면 알 수 있듯이, 일반적인 과정을 이야기 할 때에는 과정 자체가 일반적이기 때문에 관사를 잘 쓰지 않는다. 또한 셀 수 없는 명사이므로 관사가 필요 없다.

is no longer likely.
Cane sugar

Indefinite + Uncountable: Ø
(no article)

cane sugar이 일반적인 사탕수수 설탕을 일컫고 있기 때문에 지시하는 바가 구체적이지 않다. 또한 셀 수 없는 명사이므로 관사가 필요 없다.

is clearly the most dangerous **type**

Definite + Countable +
Singular: the

most dangerous(가장 위험한)이라는 구문 때문에 지시하는 바가 분명하므로 the가 사용되었다. 이 구문은 어떤 type(유형)인지 알려주며 biggest, most interesting, most exciting과 같은 최상급 형용사에서 the를 사용하는 이유를 보여준다. 대부분의 형용사들이 설명만 할 뿐 명사를 규정하진 않는 반면 형용사 최상급은 예외이다.

of **sugar,**

Indefinite + Uncountable: Ø
(no article)

해당 명사는 일반적인 설탕을 의미하기 때문에 지시하는 바가 구체적이지 않다. 또한 셀 수 없는 명사이므로 관사가 필요 없다.

among
those represented in the **graph.**

Definite + Countable +
Singular: the

graph가 세 번째로 언급되었다. graph가 이미 언급되었다는 사실뿐 아니라 독자들이 이미 그래프를 볼 수 있는 면에서 지시하는 바가 분명하다. 독자들은 명확하게 글쓴이가 어떠한 graph를 말하는지 알 수 있으므로 the를 사용했다.

비로소 알게 된 관사

___ provided line graph describes what happens when we consume ___ sweet foods in the form of ___ fruit sugar, ___ honey, and ___ cane sugar, and how ___ resulting increased acid levels create ___ potential for ___ tooth decay.

As is presented in ___ graph, ___ sugar consumption in ___ various forms leads to ___ higher acidity, represented by ___ lower PH levels. ___ These PH levels are at their lowest at ___ 5 minutes after eating ___ sugar, and they gradually increase until they reach 5.5, at which point ___ tooth decay is no longer likely.

___ Cane sugar is clearly ___ most dangerous type of ___ sugar, among those represented in ___ graph.

The question is ...

___ factors behind ___ popularity of ___ online shopping are ___ no mystery. ___ rise of ___ online marketplace has had ___ effect of democratizing ___ market, making it easier for ___ small companies and start-up companies to compete with ___ larger corporations. This is because ___ having ___ online store removes ___ necessity for ___ brick-and-mortar location, and ___ small companies are able to create ___ professional online stores very cheaply. ___ These changes to ___ market translate to ___ increased competition, which is always beneficial to ___ individual consumers. ___ People love to shop online not only for ___ convenience, but also for ___ lower prices and ___ plethora of ___ options that ___ online shopping provides.

The answer is ...

<u>The</u> factors behind <u>the</u> popularity of Ø online shopping are Ø no mystery. <u>The</u> rise of <u>the</u> online marketplace has had <u>the</u> effect of democratizing <u>the</u> market, making it easier for Ø small companies and start-up companies to compete with Ø larger corporations. This is because Ø having <u>an</u> online store removes <u>the</u> necessity for <u>a</u> brick-and-mortar location, and Ø small companies are able to create Ø professional online stores very cheaply. Ø These changes to <u>the</u> market translate to Ø increased competition, which is always beneficial to Ø individual consumers. Ø People love to shop online not only for <u>the</u> convenience, but also for <u>the</u> lower prices and Ø plethora of Ø options that Ø online shopping provides.

The factors behind the popularity of online shopping are no mystery. The rise of the online marketplace has had the effect of democratizing the market, making it easier for small companies and start-up companies to compete with larger corporations.
This is because having an online store removes the necessity for a brick-and-mortar location, and small companies are able to create professional online stores very cheaply. These changes to the market translate to increased competition, which is always beneficial to individual consumers. People love to shop online not only for the convenience, but also for the lower prices and plethora

# of options that online shopping provides.

온라인 쇼핑의 인기를 좌우하는 요인은 자명하다.
온라인 시장의 부상으로 시장을 민주화하는
효과를 얻었고 이로써 소규모 기업과 스타트업
기업이 대기업과 경쟁하기가 더 쉬워졌다. 이는
온라인 상점을 운영하면서 오프라인 상점 입점이
꼭 필요하지 않게 되었고, 소기업도 매우 저렴하게
전문적인 온라인 상점을 열 수 있기 때문이다.
이러한 시장의 변화는 개인 소비자에게 언제나
유리할 뿐인 경쟁의 증가로 이어진다. 사람들은
편리성 때문만이 아니라 온라인 쇼핑이 제공하는
저렴한 가격과 과할 정도로 충분한 옵션 때문에
온라인으로 쇼핑하는 것을 좋아한다.

The **factors**

명사가 지시하는 바가 구체적인지 그렇지 않은지
판단할 때 만약 문맥상 혹은 문장의 나머지 부분을
토대로 정답을 명확하게 알 수 있다면 지시하는
바가 분명하다고 할 수 있다. 이번 경우, 우리는 어떤
요소인지 물을 수 있고 그 답은 뒷부분 behind the
popularity of online shopping에 나와 있다.
문맥이 독자에게 어떤 요인인지 알려주고 있기
때문에 the를 사용해야만 한다.

behind the **popularity**

Definite + Uncountable: the

of online shopping이라는 구로 인해 지시하는
바가 분명하다. 이는 the Republic of Korea, the
Statue of Liberty, The House of Commons와
같은 of 구에서 매우 흔하게 볼 수 있는 부분이다.

# of online **shopping**

Indefinite + Uncountable: Ø
(no article)

일반적인 온라인 쇼핑몰을 언급하고 있으며,
shopping이라는 단어는 동사(shop)에 -ing를
추가하여 만든 동명사로, 동명사는 언제나 불가산
명사이다. 또한 셀 수 없는 명사이므로 관사를
추가하지 않는다.

are no
mystery.

이것은 콜로케이션 구문이기 때문에 사실상 일반적인 관사 규칙이 적용되지 않는다. 이러한 구문은 다음의 예와 같다. That was no joke(웃어 넘길 문제가 아니다), This party is no fun(이 파티는 정말 재미 없다). 이러한 특수 구문에서는 명사 앞에 관사가 사용되지 않는다.

The rise

Definite + Uncountable: the

위에 나온 popularity처럼 of the online marketplace라는 구가 어떤 증가에 대한 것인지 알려주고 있다. 지시하는 바가 분명하므로 명사 앞에 the를 추가한다.

of the online
marketplace

Definite + Countable + Singular: the

어떤 명사들은 구체적인 명사가 되기 위해 별도의 구나 맥락이 필요하지 않다. 예를 들어, 누군가 달(the moon)에 대해 말하고 있다면 우리는 지구 주위를 회전하는 달이라는 것을 안다. 같은 예로 (자국의) 경제(the economy), 지구(the earth), 하늘(the sky)도 지시하는 바가 분명하다. online marketplace라는 구 역시 이러한 경우인데, 인터넷 전체를 아우르는 온라인 시장이 세상에서 하나밖에 없다는 것을 뜻하기 때문이다.

has had the **effect**

Definite + Countable +
Singular: the

위에서 나온 popularity와 rise처럼 지시하는 바가 분명하다. of democratizing the market이라는 구가 독자에게 어떤 효과에 대한 것인지 알려준다.

# of democratizing the **market,**

Definite + Countable +
Singular: the

위의 online marketplace와 유사하게 특정 시장이 아니라 글로벌 시장 전체에 대해 말하고 있다. 글로벌 시장은 하나뿐이므로 지시하는 바가 분명하여 the를 필요로 한다.

making it easier for small companies and start-up **companies**

Indefinite + Countable +
Plural: Ø (no article)

companies를 설명하고 있는 small과 start-up 두 단어가 해당 명사를 설명하긴 하지만 규정하지는 않는다는 점에 주목해야 한다. 이는 작지만 중요한 차이다. 지시하는 바가 구체적이지 않고 셀 수 있고 복수이기 때문에 관사가 사용되지 않는다.

to compete with larger **corporations**.

Indefinite + Countable + Plural: Ø (no article)

위에서의 companies와 같이, 글쓴이는 여기에서 일반적인 대기업을 말하고 있다. larger이라는 형용사가 명사를 규정하지 못하기 때문에 구체적이지 않은 명사로 남는다. 또한 셀 수 있고 복수이므로 관사가 필요하지 않다.

This is because **having**

Indefinite + Uncountable: Ø (no article)

위에서의 shopping과 같이, 셀 수 없는 동명사이다. which having인지 물어볼 수 있겠지만 명확하게 답을 내릴 순 없다. 지시하는 바가 구체적이지 않고 셀 수 없으므로 관사가 필요하지 않다.

an **online** store

Indefinite + Countable + Singular: a/an

글쓴이가 특정하지 않은 온라인 쇼핑몰을 의미하고 있기 때문에 지시하는 바가 구체적이지 않다. 다시 한번 형용사 online이 어떻게 명사를 규정하지 않고 설명만 하는지 주목하기 바란다. 또한 셀 수 있고 단수이기 때문에 a/an이 필수적으로 쓰인다.

removes the **necessity**

Definite + Uncountable: the

for a brick-and-mortal location이라는 구절이 독자에게 어떤 필요성인지 보여주므로 지시하는 바가 분명하다. 많은 경우 the chair in the corner(구석에 있는 의자), the document on the desk(책상 위에 있는 서류) 등과 같이 전치사구를 통해 명사를 규정한다.

for a brick-and-mortar **location,**

Indefinite + Countable + Singular: a/an

위에서 나온 online store처럼 특정한 위치가 아닌 일반적인 상황에 대한 것이기 때문에 지시하는 바가 구체적이지 않다. brick-and-mortar라는 구는 장소에 대해 설명하지만 규정하지는 않는다. 또한 셀 수 있고 단수이기 때문에 a/an이 쓰인다.

and small **companies**

Indefinite + Countable + Plural: Ø (no article)

형용사 small이 명사를 설명할 뿐 규정하지 못하고 있고 글쓴이는 특정한 소기업을 말하고 있지 않다. 지시하는 바가 구체적이지 않고 셀 수 있고 복수이므로 관사가 사용되지 않는다.

are able
to create professional online
stores

Indefinite + Countable +
Plural: Ø (no article)

위에서 나온 small companies와 같이 이
명사는 professional online으로 설명되지만
특정한 상점을 일컫는 것은 아니다. 지시하는 바가
구체적이지 않고 셀 수 있고 복수이므로 관사가
필요하지 않다.

very cheaply. These
changes

Definite + Countable +
Plural: the

이 명사는 to the market이라는 구가 어떤 변화에
대한 것인지 알려주고 있기 때문에 지시하는 바가
분명하다. 글쓴이는 내용을 명확하게 하기 위하여
these를 사용했다. These는 지시 형용사(this,
that, those)로 명사 앞에서 the를 대신할 수 있다.

to the **market**

Definite + Countable +
Singular: the

이 명사는 글로벌 시장을 일컫는 명사로서 이전의
사용법과 정확히 동일하게 쓰였다. 지칭하는 바가
분명하므로 the가 사용되었다.

translate
to increased **competition,**

특정한 종류가 아닌 일반적인 경쟁에 대해 언급하고 있기 때문에 지시하는 바가 구체적이지 않다. increased라는 형용사가 설명해주고 있지만 명사를 규정하지 않는다. 지시하는 바가 구체적이지 않고 셀 수 없으므로 관사가 사용되지 않는다.

which is always beneficial to
individual **consumers.**

Indefinite + Countable +
Plural: Ø (no article)

글쓴이가 특정한 고객을 말하고 있는 것이 아니라 일반적인 고객에 대해 이야기하고 있다. 지시하는 바가 구체적이지 않고 셀 수 있고 복수이기 때문에 관사가 필요하지 않다.

People

Indefinite + Countable +
Plural: Ø (no article)

특정한 사람들이 아니라 일반적인 사람들이다. 만약 글쓴이가 특정한 그룹의 사람들을 언급한 것이라면 people who live in my city(우리 도시에 살고 있는 사람들), people that I know(내가 아는 사람들), People in my friend circle(내 친구 그룹 사람들)과 같이 쓰인다. 하지만 지금의 경우는 아카데믹 에세이이므로, 좀더 일반적인 사람들을 일컫는다. 지시하는 바가 구체적이지 않고 셀 수 있으며 복수이므로 관사가 필요하지 않다.

love to shop online not only for the **convenience,**

Definite + Uncountable: the

어떤 편의성인지 생각해보면 온라인 쇼핑몰의 편의성임을 알 것이다. 문장이 그 표현을 담고 있지 않더라도 문맥상 지시하는 바가 분명하므로 the가 추가되었다.

but also for the lower **prices**

Definite + Countable + Plural: the

that online shopping provides라는 절이 어떤 가격인지를 알려주어 지시하는 바가 분명하므로 the가 추가되었다.

and **plethora**

Definite + Uncountable: the

지시하는 바가 분명하지만 the를 붙이지 않았다. 바로 lower price 앞에 나온 the가 plethora까지 적용되기 때문이다. the를 다시 두어도 되지만 반복적인 사용이 된다. 이와 비슷한 예로는 The president and vice-president have arrived(대통령과 부통령이 도착했다)가 있다. vice-president 앞에 the를 추가할 수 있었겠지만 불필요할뿐만 아니라 조금 어색하다. 다시 말해, plethora는 지시하는 바가 분명하므로 앞에 나온 the가 여기까지 적용된다.

of **options**

that online shopping provides라는 절이 어떤 옵션이라는 것을 설명해주므로 지시하는 바가 분명하다. 하지만 plethora of라는 구는 수량사로, 어느 것이 얼마나 있는지를 보여준다. 일반적인 수량사로는 many, much, a few, a lot of, kilogram of 등이 있다. kilogram of rice의 경우처럼 관사(a/an/the)는 kilogram 앞에 붙지 rice 앞에 붙지 않는다. 이 경우에도 동일하다. plethora of options에서 관사는 plethora 앞에 붙지 options 앞에 붙지 않는다. 명사 options가 지시하는 바가 분명하지만 관사 the는 사실상 중복 사용 없이 lower prices 앞에서 사용되었다.

that online **shopping**

위에서 보았듯이, online shopping은 동명사로, 셀 수 없고 지시하는 바가 구체적이지 않다. 이 경우, 글쓴이는 일반적인 온라인 쇼핑몰에 대해 이야기하고 있기에 구체적이지 않으며, 셀 수 없기에 관사가 필요 없다.

provides.

비로소 알게 된 관사

___ factors behind ___ popularity of ___ online shopping are ___ no mystery. ___ rise of ___ online marketplace has had ___ effect of democratizing ___ market, making it easier for ___ small companies and start-up companies to compete with ___ larger corporations. This is because ___ having ___ online store removes ___ necessity for ___ brick-and-mortar location, and ___ small companies are able to create ___ professional online stores very cheaply. ___ These changes to ___ market translate to ___ increased competition, which is always beneficial to ___ individual consumers. ___ People love to shop online not only for ___ convenience, but also for ___ lower prices and ___ plethora of ___ options that ___ online shopping provides.

The question is ...

___ Recent advancements in ___ technology have significantly changed ___ way we are entertained during ___ our travels. ___ first change is in ___ equipment. Over ___ last 15 years, ___ airline companies have been spending ___ millions of ___ dollars per ___ year equipping ___ their planes with ___ built-in touch screens to play ___ movies for ___ their clientele. Additionally, ___ internet access is having ___ substantial impact on ___ in-flight entertainment. Within ___ next decade, ___ unlimited internet service will likely be available on ___ all international flights, which means ___ passengers can check ___ e-mails, watch ___ Youtube videos, stream ___ Netflix, and anything else they could do at ___ home on ___ Internet.

The answer is ...

Ø Recent advancements in Ø technology have significantly changed the way we are entertained during Ø our travels. The first change is in the equipment. Over the last 15 years, Ø airline companies have been spending Ø millions of Ø dollars per Ø year equipping Ø their planes with Ø built-in touch screens to play Ø movies for Ø their clientele. Additionally, Ø internet access is having a substantial impact on Ø in-flight entertainment. Within the next decade, Ø unlimited internet service will likely be available on Ø all international flights, which means Ø passengers can check Ø e-mails, watch Ø Youtube videos, stream Ø Netflix, and anything else they could do at Ø home on the Internet.

Recent advancements in technology have significantly changed the way we are entertained during our travels. The first change is in the equipment. Over the last 15 years, airline companies have been spending millions of dollars per year equipping their planes with built-in touch screens to play movies for their clientele. Additionally, internet access is having a substantial impact on in-flight entertainment. Within the next decade, unlimited internet service will likely be available on all international flights, which means passengers can check e-mails, watch Youtube videos, stream Netflix, and anything else they could do at home on the Internet.

최근의 기술 발전은 우리가 여행에서 재미를 느끼는 방식을 상당히 바꾸어 놓았다. 첫 번째 변화는 기기에서 일어났다. 지난 15년 동안 항공사들은 고객들이 영화를 볼 수 있는 내장 터치 스크린을 갖추기 위하여 수많은 비용을 지출했다. 또한, 인터넷 접근성은 기내 오락에 상당한 영향을 미치고 있다. 앞으로 10년 안에 무제한 인터넷 서비스는 모든 국제 항공기에서 가능해질텐데, 이는 탑승객들이 이메일을 확인하거나 유튜브 영상을 보고 넷플릭스를 실시간으로 재생하며 집에서 인터넷으로 할만한 모든 것을 할 수 있다는 뜻이다.

Recent **advancements**

Indefinite + Countable +
Plural: Ø (no article)

형용사 recent와 in technology 구가 무슨 종류의 발전인지 설명하고 있지만 어떤 발전인지 독자에게 알려주고 있지는 않다. 때때로 in technology처럼 전치사구가 명사를 규정하기 위하여 명사 뒤에 the Statue of Liberty(자유의 여신상), the pen in my pocket(내 주머니 속에 있는 펜)와 같이 쓰이기도 한다. 하지만 이번 경우, in technology는 명사를 규정하기보다 설명만 하고 있다. recent advancements in technology라는 전체 구절은 recent technological advancements로 옮길 수 있는데 즉 이는 recent와 in technology가 명사를 규정하는 것이 아니라 설명을 하고 있다는 것을 보여준다. 지시하는 바가 구체적이지 않고 셀 수 있고 복수이기 때문에 아무런 관사도 사용되지 않는다.

in

technology

Indefinite + Uncountable: Ø
(no article)

글쓴이가 어떤 기술인지 말하지 않았기 때문에 지시하는 바가 구체적이지 않고 셀 수 없으므로 관사가 쓰이지 않는다.

have significantly

changed the **way**

Definite + Countable +
Singular: the

(that) we are entertained during our travels라는 절 때문에 지시하는 바가 분명하다. 형용사 절은 명사를 규정하기 위해 자주 쓰인다. 예를 들어, the people who she met(그녀가

만났던 사람들), the problems that were caused(야기된 문제들)이 있다.

we are entertained during our **travels.**

Definite + Countable + Plural: the

our가 어떤 여행이라는 것을 말해주므로 지시하는 바가 분명하지만 소유 형용사 our가 the의 자리를 대신하므로 관사는 쓰지 않는다.

The first **change**

Definite + Countable + Singular: the

몇몇 특정한 형용사(first, second, same, only 등)는 명사를 규정하는데 해당 명사 역시 first로 인해 지시하는 바가 분명하므로 정관사 the를 쓴다.

is in the equipment.

Definite + Uncountable: the

글쓴이가 that is used during travel(여행에 사용된)이라는 부분을 추가하지 않았음에도 문맥상으로 추론할 수 있기 때문에 the를 쓴다.

Over the last 15 years,

앞서 나온 first의 경우처럼 명사를 규정할 수 있는 또 다른 예로, last가 해당 명사를 규정하고 있으므로 정관사 the를 쓴다.

airline **companies**

Indefinite + Countable +
Plural: Ø (no article)

특정한 항공사가 아니라 항공사 전반에 대해 얘기하고 있다. 지시하는 바가 구체적이지 않고 셀 수 있고 복수이기 때문에 아무런 관사도 사용되지 않는다.

have been spending **millions**

Indefinite + Countable +
Plural: Ø (no article)

독자가 정확히 몇백만 개인지 알지 못하기 때문에 구체적이지 않은 명사다. 또한 셀 수 있고 복수이기 때문에 아무런 관사도 사용되지 않는다.

of **dollars**

Indefinite + Countable +
Plural: Ø (no article)

위에서 나온 millions처럼 글쓴이가 특정한 달러를 말하고 있지 않으므로 지시하는 바가 구체적이지 않다. 또한 셀 수 있고 복수이므로 관사가 필요하지 않다.

per **year**

Exception

이것은 per를 사용한 특별한 표현이다. per는 어떠한 단수 명사와도 사용될 수 있으며(per hour, per day, per person 등) 이때 절대 관사를 사용하지 않는다.

equipping their **planes**

Definite + Countable + Plural: the

their가 어떤 비행기에 대한 것인지 독자에게 알려주고 있기 때문에 지시하는 바가 분명하지만 the의 자리를 대신하므로 관사는 쓰지 않는다.

with built-in touch **screens**

Indefinite + Countable + Plural: Ø (no article)

독자가 주목해야 할 것은 일반적인 터치 스크린이지 특정한 터치 스크린이 아니기 때문에 지시하는 바가 구체적이지 않다. built-in과 touch라는 단어들 모두 screens이라는 명사를 설명하지만 대부분의 형용사들처럼 이들 또한 명사를 규정하진 못한다. 또한 셀 수 있고 복수이기 때문에 아무런 관사도 필요하지 않다.

to play **movies**

Indefinite + Countable +
Plural: Ø (no article)

글쓴이가 특정한 영화가 아니라 일반적인 영화를
언급하기 때문에 지시하는 바가 구체적이지 않다.
또한 셀 수 있고 복수이기 때문에 아무런 관사도
사용되지 않는다.

for their **clientele.**

Definite + Uncountable: the

our travels와 their planes의 예처럼 their은
the의 자리를 대체하는 소유 형용사다. 지시하는
바가 분명하지만 the를 추가할 필요가 없다.

Additionally, **internet access**

Indefinite + Uncountable: Ø
(no article)

위에서 본 movies의 예처럼 글쓴이가 일반적인
인터넷 접근성에 대해 이야기하고 있기 때문에
지시하는 바가 구체적이지 않다. 또한 셀 수
없으므로 아무런 관사도 필요하지 않다.

is
having a substantial **impact**

Indefinite + Countable +
Singular: a/an

어떤 영향에 대한 것인지 글쓴이가 드러내지 않고
있기 때문에 지시하는 바가 구체적이지 않다.
substantial이라는 형용사가 명사를 설명하지만
규정하고 있진 않다. 또한 셀 수 있고 단수이므로
a/an이 쓰인다.

on in-flight **entertainment.**

Indefinite + Uncountable: Ø
(no article)

이것은 위에 나온 internet access와 movies처럼 일반적인 의미이다. 글쓴이가 어떤 특정한 오락거리에 대해 말하고 있지 않으며 in-flight이라는 형용사가 명사를 규정하지 않아 지시하는 바가 구체적이지 않다. 또한 셀 수 없으므로 관사가 필요하지 않다.

Within the next **decade,**

Definite + Countable + Singular: the

위에 나온 last 15 years와 first change에서 보았듯이 next라는 형용사는 명사를 규정할 수 있다는 점에서 특별하다. 지시하는 바가 분명해지므로 정관사 the를 쓴다.

unlimited **internet service**

Indefinite + Uncountable: Ø
(no article)

글쓴이가 특정한 서비스가 아니라 일반적인 서비스에 대해 이야기하고 있기 때문에 지시하는 바가 구체적이지 않다. 명사를 설명하지만 규정하지 않는 형용사들인 것이다. 또한 셀 수 없으므로 관사가 사용되지 않는다.

will likely be available on all international **flights**,

Indefinite + Countable + Plural: Ø (no article)

이 명사는 위에서 본 service처럼 지시하는 바가 구체적이지 않다. 심지어 우리는 글쓴이가 특정한 국제 항공사를 일컫고 있지 않다는 것을 확실하게 해주는 all이라는 단어까지 볼 수 있다. 또한 셀 수 있고 복수이므로 관사가 필요하지 않다.

which means **passengers**

Indefinite + Countable + Plural: Ø (no article)

글쓴이가 특정한 탑승객들이 아닌, 일반적인 탑승객을 일컫고 있기 때문에 지시하는 바가 구체적이지 않다. 또한 셀 수 있고 복수이므로 관사가 필요하지 않다.

can check **e-mails**, watch **Youtube videos**, stream **Netflix**,

Indefinite + Countable + Plural: Ø (no article)

이 세 명사 모두 지시하는 바가 구체적이지 않다. 글쓴이는 이메일과 동영상, 넷플릭스에 대해 일반적인 점을 이야기하고 있다. 넷플릭스는 사실 회사의 이름이기도 하지만 여기서는 넷플릭스 쇼/프로그램을 내포하고 있다. 또한 셀 수 있고 복수이기 때문에 어떠한 관사도 필요하지 않다.

and anything else they could do at **home**

Exception

Home은 일반적인 단수 명사이기도 하고(I visited the home of my grandfather(나는 할아버지 댁에 방문했다), 부사이기도 하다(I want to go home(나는 집에 가고싶다). at home에서 home은 명사지만 셀 수는 없다. 만약 이것이 셀 수 있고 단수였다면 the(지시하는 바가 구체적인 경우) 혹은 a(지시하는 바가 구체적이지 않은 경우)가 필요했을 것이다. at home이라는 표현에서는 예외로 관사를 쓰지 않는다.

on the **Internet**.

Definite + Uncountable: the

Internet은 오직 하나이므로 지시하는 바가 분명하다. 명사가 전체를 지칭하는 몇몇 경우 정관사 the를 쓴다. 누군가가 Internet이라고 할 때 상대방은 그것이 지칭하는 바를 명확히 알기 때문이다. 또 다른 예로는 the Earth가 있다.

비로소 알게 된 관사

___ Recent advancements in ___ technology have significantly changed ___ way we are entertained during ___ our travels. ___ first change is in ___ equipment. Over ___ last 15 years, ___ airline companies have been spending ___ millions of ___ dollars per ___ year equipping ___ their planes with ___ built-in touch screens to play ___ movies for ___ their clientele. Additionally, ___ internet access is having ___ substantial impact on ___ in-flight entertainment. Within ___ next decade, ___ unlimited internet service will likely be available on ___ all international flights, which means ___ passengers can check ___ e-mails, watch ___ Youtube videos, stream ___ Netflix, and anything else they could do at ___ home on ___ Internet.

Unit 4   Culture

The question is ...

___ Culture is ___ shared system of ___ values, ___ beliefs, and ___ attitudes that shapes ___ individual's ___ perception and ___ behavior. Simplistically, ___ individuals can be considered to be ___ products of ___ one culture, and it is assumed that ___ individual's ___ culture is ___ same as ___ his or her racial or ethnic identity. However, in ___ United States, ___ individuals are often ___ products of ___ multiple cultures. When ___ culture was first studied in ___ anthropology, it was assumed that ___ individual could ultimately only have ___ aspects of ___ one culture. In ___ other words, ___ person exposed to more than ___ one culture would eventually assimilate into one of them, presumably ___ majority culture.

The answer is ...

Ø Culture is a shared system of Ø values, Ø beliefs, and Ø attitudes that shapes an individual's Ø perception and Ø behavior. Simplistically, Ø individuals can be considered to be Ø products of Ø one culture, and it is assumed that an individual's Ø culture is the same as Ø his or her racial or ethnic identity. However, in the United States, Ø individuals are often Ø products of Ø multiple cultures. When Ø culture was first studied in Ø anthropology, it was assumed that an individual could ultimately only have Ø aspects of Ø one culture. In Ø other words, a person exposed to more than Ø one culture would eventually assimilate into one of them, presumably the majority culture.

Culture is a shared system of values, beliefs, and attitudes that shapes an individual's perception and behavior. Simplistically, individuals can be considered to be products of one culture, and it is assumed that an individual's culture is the same as his or her racial or ethnic identity. However, in the United States, individuals are often products of multiple cultures. When culture was first studied in anthropology, it was assumed that an individual could ultimately only have aspects of one culture. In other words, a person exposed to more than one culture would eventually assimilate into one of them, presumably the majority culture.

문화란 한 개인의 인지 능력과 행동을 형성하는
가치, 믿음, 태도가 공유된 시스템이다. 간단히 말해,
개인은 한 문화의 산물이며, 한 개인의 문화는
그 사람의 인종 혹은 민족의 정체성과 같다고
추정할 수 있다. 하지만 미국에서 개인은 대개 여러
문화의 산물이다. 인류학에서 문화가 처음으로
연구되었을 때, 개인은 한 가지 문화 양상만을
가질 수 있을 것으로 보았다. 다시 말하면, 하나
이상의 문화에 노출된 사람은 결국 그 중 하나의
문화, 추정컨대 가장 지배적인 문화만을 흡수한다고
본 것이다.

Culture

Indefinite + Uncountable: Ø
(no article)

글쓴이가 정의를 내리고 있기 때문에 지시하는 바가 구체적이지 않다. 글쓴이는 특정한 문화가 아니라 일반적인 문화의 뜻에 대해 이야기 하고 있다. culture라는 단어는 셀 수 있기도하고 없기도 한데 본문에서는 두 가지 형태를 모두 볼 수 있다. 일반적인 의미에서 이야기 되거나 특정한 문화(한국 문화, 도시 문화 등)가 언급될 때 해당 명사는 셀 수 없는 명사로 쓰이는데 여기서 역시 글쓴이는 일반적인 의미에서 문화를 논의하고 있기에 셀 수 없다. 따라서 아무런 관사도 필요하지 않다.

is a shared **system**

Indefinite + Countable +
Singular: a/an

글쓴이가 특정한 시스템을 언급하고 있는 것이 아니라 어떤 종류인지만 간단하게 설명하고 있으므로 지시하는 바가 구체적이지 않다. 무언가를 정의할 때, 우리는 특정한 무언가에 대해 이야기 하는 것은 아니므로 정관사는 거의 쓰지 않는다. 예를 들어, A pencil is an instrument for writing(연필은 글쓰기를 위한 기구이다)와 같은 경우다. 또한 셀 수 있고 단수이기 때문에 a/an을 사용한다.

of
values, beliefs, and attitudes

Indefinite + Countable +
Plural: Ø (no article)

해당 명사는 지시하는 바가 구체적이지 않다.
여전히 문화의 정의를 전달하고 있고 특정한 가치,
믿음이나 태도에 대해 언급하고 있는 것은 아니다.
또한 셀 수 있고 복수이기 때문에 어떠한 관사도
필요치 않다.

that
shapes an individual's

Indefinite + Countable +
Singular: a/an

여전히 문화의 의미를 전달하고 있기 때문에 지시하는
바가 구체적이지 않다. 글쓴이는 특정한 개인에
대해 언급하고 있는 것이 아니다. 지시하는 바가
구체적이지 않고 셀 수 있고 단수이기 때문에 a/an이
쓰인다.

perception
and behavior.

Definite + Uncountable: the

글쓴이가 무엇과 관련된 perception(인지 능력)과
behavior(행동)인지 알려주기 위하여 소유격인
individual's를 사용하고 있기 때문에 지시하는
바가 분명하다. 하지만 소유격이 the의 자리를
대신하므로 관사는 쓰지 않는다.

Simplistically, **individuals**

Indefinite + Countable + Plural: Ø (no article)

독자가 특정한 개인이 아니라 일반적인 개인들을 일컫고 있기 때문에 지시하는 바가 구체적이지 않다. 정관사가 자주 쓰이지 않는 것은 학술적인 글에서 볼 수 있는 전형적인 모습이다. 또한 셀 수 있고 복수이기 때문에 아무런 관사도 필요치 않다.

can be considered to be **products**

Indefinite + Countable + Plural: Ø (no article)

글쓴이는 개인과 문화간의 연결성에 대한 일반적이고 추상적인 설명을 하고 있다. 특정한 개인이나 문화에 대해 설명하고 있는 것이 아니다. 보통의 경우라면 of one culture라는 구는 이러한 명사를 구체화해주겠지만, 문장이 추상적이기 때문에 지시하는 바가 구체적이지 않다. 또한 셀 수 있으며 복수이기 때문에 관사가 필요하지 않다.

# of one **culture**,

Indefinite + Countable + Singular: a/an

여기에서 특정한 문화에 대해 언급하고 있는 것이 아니기 때문에 지시하는 바가 구체적이지 않다. culture이라는 단어가 한 개인의 국가, 지역 혹은 집단의 문화를 일컫고 있기 때문에 여기서는 culture가 가산 명사로 쓰였다. 해당 명사가 셀 수 있으며 단수이지만, 글쓴이는 a/an 대신 one이라는 단어를 선택했다. 숫자를 대신 쓸 때 관사는 사용하지 않는다.

and

it is assumed that an **individual**'s

어느 특정한 개인을 일컫고 있지 않기 때문에
지시하는 바가 구체적이지 않다. 학술적인
글에서 글쓴이가 일반적인 견해에 대해 이야기
할 때는, 단수 명사와 복수 명사를 자유롭게
선택해 사용할 수 있다. 여기서도 글쓴이는 같은
의미를 유지하면서도 an individual's 대신
individuals'를 사용할 수 있었다. 셀 수 있고
단수이므로 a/an이 추가되었다.

culture

Definite + Countable +
Singular: the

위에서 본 perception and behavior와 유사하게
소유격 individual's로 지시하는 바가 분명해졌다.
또한 여기서 culture는 셀 수 있는 명사로 쓰였다.

is the **same**

Exception

the same as(~와 마찬가지로)라는 표현에는 항상
the를 사용한다.

as his or her
racial or ethnic **identity.**

efinite + Countable +
ingular: the

지시하는 바가 분명하므로 이번에도 the를 대신하는
his or her이라는 소유 형용사를 사용했다.

However,
in the **United States**,

Definite + Countable +
Plural: the

the United States of America, the United Kingdom, the United Arab Emirates, the Philippines, the Virgin Islands, the Bahamas와 같이 국가명에 보통 명사가 있거나 복수인 경우, 국가명 앞에 the를 쓴다.

individuals

Indefinite + Countable +
Plural: Ø (no article)

글쓴이가 특정한 개인들이 아니라 일반적인 개인들을 칭하고 있기 때문에 지시하는 바가 분명하지 않다. 또한 셀 수 있고 복수이므로, 아무런 관사도 필요하지 않다.

are often **products**

Indefinite + Countable +
Plural: Ø (no article)

글쓴이가 특정한 산물이 아니라 일반적인 산물에 대해 이야기 하고 있기 때문에 지시하는 바가 구체적이지 않다. 또한 셀 수 있고 복수이므로, 아무런 관사도 사용되지 않았다.

# of multiple cultures.

Indefinite + Countable + Plural: Ø (no article)

앞선 두 가지 예처럼, 해당 명사는 문화를 일반적으로 일컫고 있으므로 지시하는 바가 분명치 않다. 여기서 culture는 셀 수 있는 명사로 쓰여 특정적이지 않은 개별 국가/지역/그룹 등을 의미한다. 또한 셀 수 있고 복수이므로 어떠한 관사도 사용되지 않았다.

When culture

Indefinite + Uncountable: Ø (no article)

문단의 첫 문장에서 그랬던 것처럼 글쓴이가 문화의 일반적인 의미에 대해 이야기 하고 있기 때문에 지시하는 바가 구체적이지 않다. 여기서 사용된 culture는 어느 개별 집단에 대한 것이 아니라 문화라는 관념에 대한 것이기 때문에 셀 수 없다. 따라서 어떠한 관사도 사용되지 않았다.

was first studied in anthropology,

Indefinite + Uncountable: Ø (no article)

교과목은 지시하는 바가 구체적이지 않다. 수학(mathematics), 철학(philosophy), 생물(biology) 등과 같은 교과목은 불가산 명사이다. 따라서 어떠한 관사도 필요하지 않다.

it was assumed that an **individual**

Indefinite + Countable + Singular: a/an

글쓴이가 특정 개인이 아닌 일반적인 개인을 일컫고 있으므로 지시하는 바가 구체적이지 않다. 또한 셀 수 있고 단수이기 때문에 a/an이 사용되었다.

could ultimately only have **aspects**

Indefinite + Countable + Plural: Ø (no article)

일반적으로 of one culture같은 구는 양상들(aspects)의 뜻을 한정하므로 지시하는 바가 분명하다. 하지만 지문의 형식이 특정한 문화가 아니라 일반 문화에 대해 언급하고 있으므로 해당 명사는 구체적이지 않은 명사로 남는다. 이것은 글쓴이의 자의적인 판단이라 볼 수 있다. 해당 명사가 구체적이지 않은 명사로도, 정해진 명사로도 여겨질 수 있기에 글쓴이는 the를 선택적으로 사용할 수 있었다. 이번 경우, 글쓴이는 of one culture이라는 구로 명사를 규정했다고 보기보다 학술적 지문의 일반적인 방식을 유지하는 것이 더욱 중요하다고 판단했기 때문에 해당 명사를 구체적이지 않은 명사로 남기기로 결정했다. 또한 셀 수 있고 복수이므로 관사가 필요치 않다.

# of one **culture.**

Indefinite + Countable + Singular: a/an

특정한 문화가 아니라 일반 문화를 언급하고 있기 때문에 지시하는 바가 구체적이지 않다. 다시 한 번 확인하자면, 여기서 culture는 셀 수 있는 명사이자 단수이므로 a/an을 붙이는 것이 정상적이다. 하지만 글쓴이는 a/an 대신에 one을 골라 사용했다.

In other **words,**

Indefinite + Countable + Plural: Ø (no article)

글쓴이가 특정한 말을 지칭하는 것이 아니기 때문에 지시하는 바가 구체적이지 않다. other이라는 형용사는 아주 좋은 힌트다. 형용사가 명사를 규정하는 경우(a pretty jacket, a blue pen)는 매우 드물기 때문이다. 게다 in other words는 상용구이다. 또한 셀 수 있고 복수이기 때문에 아무런 관사도 사용되지 않았다.

a **person**

Indefinite + Countable + Singular: a/an

특정한 사람이 아니라 일반적인 사람을 칭하고 있기 때문에 지시하는 바가 구체적이지 않다. 또한 셀 수 있고 단수이므로 a/an이 사용되었다.

exposed to more than one **culture**

Indefinite + Countable + Singular: a/an

위에서 보았듯, 특정한 문화를 지칭하고 있지 않기 때문에 지시하는 바가 구체적이지 않다. 셀 수 있는 명사로 쓰인 culture 앞의 a를 one으로 대신했다.

would eventually assimilate into **one**

Exception

여기서 one은 수사(two people, five friends)가 아니라 명사(two of these people, five of my friends)로 쓰였다. 이 경우, 다음에 오는 명사가(them) 매우 구체적으로 지시한 것이 아니라면(the five of my friends that I am closest to: 나와 가장 친한 친구 다섯 명) 거의 항상 지시하는 바가 구체적이지 않은 명사가 된다. 여기서도 them은 지시하는 바가 구체적이지 않으므로 one 역시 구체적이지 않은 명사가 된다. 또한 숫자 앞에 절대로 a/an을 붙이지 않기 때문에 여기서도 관사를 쓰지 않는다.

# of them,
presumably the **majority culture**.

Definite + Countable +
Singular: the

어떤 문화인지 majority가 말해주고 있으므로
지시하는 바가 구체적이다. 이 상황에서는
두 개의 문화를 경험하는 한 개인에 대해 묘사하고
있다. 진행된 상황에 비추어서 독자는 글쓴이가
the majority culture를 언급하면 그 개인의
지배적인 문화를 칭하고 있다는 것을 알게 된다.
어떤 개인인지, 그 개인이 어떤 문화를 갖고 있는지
우리는 알지 못하지만 지시하는 바가 분명하다.
이는 학술적인 부분을 설명할 때 종종 일어난다.
예를 들어, American families often cook extra
food to be eaten later. For example, a typical
family might cook a large meal on Friday
night, and then eat **the** leftover food for
lunch on Saturday(미국 가족들은 나중에 먹기
위하여 종종 여분의 음식을 요리한다. 예를 들어,
보통 가족은 금요일 저녁에 많은 양의 식사를
요리하고 남은 음식을 토요일 점심에 먹기도 한다)
라는 문장을 보자. 이 예시에서 우리는 어떤
가족인지 그들이 어떤 음식을 먹었는지 알 수 없지만
상황 속에서 우리는 글쓴이가 어떤 음식을 언급하고
있는 것인지 이해할 수 있다. 해당 명사가 정해진
명사이기 때문에 글쓴이는 the를 사용했다.

비로소 알게 된 관사

___ Culture is ___ shared system of ___ values, ___ beliefs, and ___ attitudes that shapes ___ individual's ___ perception and ___ behavior. Simplistically, ___ individuals can be considered to be ___ products of ___ one culture, and it is assumed that ___ individual's ___ culture is ___ same ___ as ___ his or her racial or ethnic identity. However, in ___ United States, ___ individuals are often ___ products of ___ multiple cultures. When ___ culture was first studied in ___ anthropology, it was assumed that ___ individual could ultimately only have ___ aspects of ___ one culture. In ___ other words, ___ person exposed to more than ___ one culture would eventually assimilate into one of them, presumably ___ majority culture.

The question is ...

___ Family businesses are becoming less popular, but they can be ___ excellent business model. ___ One key advantage is that ___ loyalty of ___ your employees is much higher when you employ ___ your own family members. ___ financial success of ___ family is tied to ___ business, and this ensures that ___ each employee has ___ vested interest in making ___ business run efficiently and productively. What is more, ___ longevity of ___ business is also more secure. ___ Family business operators can feel that ___ their investment of ___ time and ___ effort will continue to impact ___ community long after they themselves retire.

The answer is ...

Ø Family businesses are becoming less popular, but they can be <u>an</u> excellent business model. Ø One key advantage is that <u>the</u> loyalty of Ø your employees is much higher when you employ Ø your own family members. <u>The</u> financial success of <u>the</u> family is tied to <u>the</u> business, and this ensures that Ø each employee has <u>a</u> vested interest in making <u>the</u> business run efficiently and productively. What is more, <u>the</u> longevity of <u>the</u> business is also more secure. Ø Family business operators can feel that Ø their investment of Ø time and Ø effort will continue to impact <u>the</u> community long after they themselves retire.

Family businesses are becoming less popular, but they can be an excellent business model. One key advantage is that the loyalty of your employees is much higher when you employ your own family members. The financial success of the family is tied to the business, and this ensures that each employee has a vested interest in making the business run efficiently and productively. What is more, the longevity of the business is also more secure. Family business operators can feel that their investment of time and effort will continue to impact the community long after they themselves retire.

가족 기업의 인기는 점점 줄어들고 있지만 이 사업은
완벽한 사업 모델이 될 수 있다. 가장 핵심적인
장점은 가족을 고용했을 때 직원들의 충성도가
매우 높다는 점이다. 모든 직원이 가족의 경제적
성공이 사업과 결부되어 있어서, 사업을 효율적이고
생산적으로 운영하는 것에 관심이 높다. 그뿐만
아니라, 사업의 지속성 또한 더욱 보장된다. 가족
사업 운영진들은 그들이 투자한 시간과 노력이
그들이 은퇴하고 나서도 오랫동안 사회에 영향을
미칠 것이라고 느끼는 것이다.

Family businesses

Indefinite + Countable +
Plural: Ø (no article)

글쓴이가 특정한 가족 사업이 아니라 일반적인 가족 사업에 대해 말하고 있기 때문에 지시하는 바가 구체적이지 않다. 명사 앞에 놓인 family는 거의 명사를 규정하지 못하며 그저 명사를 설명하기만 할 뿐이다. 또한 셀 수 있고 복수이기 때문에 어떠한 관사도 사용되지 않는다.

are becoming less popular, but they can be an excellent **business model**.

Indefinite + Countable +
Singular: a/an

which model(어떤 모델)인지 묻는다고 해도 이해할만한 답을 찾을 수 없을 것이다. excellent와 business가 명사를 설명하고 있지만 어떤 명사인지 말해주고 있지는 않다. 지시하는 바가 구체적이지 않고 셀 수 있고 단수이기 때문에 a/an이 쓰인다.

One key **advantage**

Indefinite + Countable +
Singular: a/an

위의 경우처럼 key는 해당 명사를 설명하지만 규정하진 못한다. 지시하는 바가 구체적이지 않고 셀 수 있고 단수이지만 a/an이 사용되지는 않았는데 one으로 대신했기 때문이다.

is that the

loyalty

Definite + Uncountable: the

어떤 충성도에 관한 것인지 of your employees라는 구가 알려주고 있으므로 지시하는 바가 분명하다.

of your **employees**

Definite + Countable + Plural: the

소유 형용사 your가 어느 직원들인지 알려주고 있기 때문에 지시하는 바가 분명하다. 소유 형용사는 언제나 the를 대신해 쓰인다.

is

much higher when you employ your own family **members**.

Definite + Countable + Plural: the

소유 형용사 your로 지시하는 바가 분명하다.

The financial **success**

Definite + Uncountable: the

loyalty의 예시처럼 of the family라는 구가 어떤 성공이라는 것을 말해주고 있기 때문에 지시하는 바가 분명하다.

of the
family

Definite + Countable +
Singular: the

글쓴이는 독자로 하여금 가족 기업의 시나리오를
상상하게 한다. 글쓴이는 일반적으로 설명하기보다
예를 주려 한다. 무슨 가족이냐는 질문을 한다면
답은 여기서 말하는 가족이 될 것이다. 지시하는
바가 분명하므로 the가 쓰인다.

is tied to the **business,**

Definite + Countable +
Singular: the

계속해서 글쓴이가 the business in this
example(이 경우에서의 사업)에 대해 말하고 있다.
지시하는 바가 분명하므로 the를 쓴다.

and this ensures that each
employee

Definite + Countable +
Singular: the

글쓴이가 위의 예를 계속해서 이어나가고 있기
때문에 지시하는 바가 분명하다. 글쓴이가 each
employee of this business(이 경우에서의
각각의 직원)을 언급하고 있다. each와 every는
the를 대신하여 쓰일 수 있기 때문에 관사가
필요없다.

has a vested **interest**

Indefinite + Countable +
Singular: a/an

Have an interest in(관심이 있다)에서 interest는
항상 부정관사와 함께 쓴다. 유사한 예로 make
an effort to(노력을 하다), take an interest
in(관심이 있다) 등이 있다. 비록 어떤 관심을
일컫는지 알고 있다고 해도 관용구 내에서 항상
부정관사와 함께 쓴다.

in making the **business**

Definite + Countable +
Singular: the

계속 이어서, the business는 the business in this
example(이 경우에서의 사업)을 뜻하고 있다. 무슨
사업인지 알고 있기 때문에 지시하는 바가 분명하므로
the가 필요하다.

run

efficiently and productively.
What is more, the **longevity**

Definite + Uncountable: the

of the business라는 구는 독자에게 무슨
지속성인지 알려주고 있다. 지시하는 바가
분명하므로 the가 추가되어야 한다.

of
the **business**

계속해서 the business는 이 경우에서의 사업을 뜻하고 있다. 어떤 사업인지 알고 있기 때문에 지시하는 바가 분명하므로 the가 필요하다.

is also more secure.
Family business **operators**

Indefinite + Countable +
Plural: Ø (no article)

글쓴이가 이제는 구체적인 예에서 벗어나 다시 더욱 일반적으로 설명하고 있다. 글쓴이가 일반적인 가족 사업 운영자(family operators)들을 일컫고 있으므로 operators라는 명사는 구체적이지 않은 명사다. family business라는 구는 운영자의 부류는 설명하고 있지만 그렇다고 운영자가 누구인지 정의하고 있는 것은 아니다. 이것이 가장 큰 차이점이며 해당 명사를 구체적이지 않은 명사로 만든다. 지시하는 바가 구체적이지 않으므로 셀 수 있고 복수이기 때문에 아무런 관사도 필요하지 않다.

can
feel that their **investment**

Definite + Uncountable: the

of time and effort라는 구가 독자에게 어떤 투자에 대한 것인지 알려주고 있기 때문에 지시하는 바가 분명하다. 위에서 본 your employees의 경우처럼 소유 형용사 their가 the의 자리를 대신하므로 관사는 쓰지 않는다.

of

time and **effort**

Indefinite + Uncountable: Ø
(no article)

글쓴이가 일반적인 시간과 노력을 언급하고 있기 때문에 지시하는 바가 구체적이지 않다. 두 명사 모두 불가산 명사이기 때문에 어떠한 관사도 필요하지 않다.

will continue to
impact the **community**

Definite + Countable +
Singular: the

문장의 문맥이 어느 사회인지 독자에게 알려주고 있기 때문에 지시하는 바가 분명하다. 이 문장의 주어가 family business owners이기 때문에 어느 사회인지 물었을 때 우리는 그들이 살고 있는 사회라는 답을 찾을 수 있다. 글쓴이가 the를 their로 대체했더라도 의미는 동일하게 전달되었을 것이다.

long after
they themselves retire.

비로소 알게 된 관사

___ Family businesses are becoming less popular, but they can be ___ excellent business model. ___ One key advantage is that ___ loyalty of ___ your employees is much higher when you employ ___ your own family members. ___ financial success of ___ family is tied to ___ business, and this ensures that ___ each employee has ___ vested interest in making ___ business run efficiently and productively. What is more, ___ longevity of ___ business is also more secure. ___ Family business operators can feel that ___ their investment of ___ time and ___ effort will continue to impact ___ community long after they themselves retire.

Chapter

3

Email

Chapter 3 - Email

The question is ...

Dear Sir or Madam,

I received ___ letter informing me that ___ my account has been overdrawn. Unfortunately, I am certain that ___ information contained in ___ this letter is incorrect. In fact, ___ account in question is only used in ___ case of ___ emergencies, and I have not used ___ this account whatsoever in ___ past 6 months.

In order to correct ___ error, please contact me at your earliest convenience. If necessary, I am willing to go to ___ bank branch located near ___ my residence and speak to ___ representative in ___ person, where I can provide ___ appropriate documentation to prove ___ error.

Sincerely,
Jennifer Baker

The answer is ...

Dear Sir or Madam,

I received <u>a</u> letter informing me that Ø my account has been overdrawn. Unfortunately, I am certain that <u>the</u> information contained in Ø this letter is incorrect. In fact, <u>the</u> account in question is only used in Ø case of Ø emergencies, and I have not used Ø this account whatsoever in <u>the</u> past 6 months.

In order to correct <u>the</u> error, please contact me at your earliest convenience. If necessary, I am willing to go to <u>the</u> bank branch located near Ø my residence and speak to <u>a</u> representative in Ø person, where I can provide <u>the</u> appropriate documentation to prove <u>the</u> error.

Sincerely,
Jennifer Baker

Dear Sir or Madam,

I received a letter informing me that my account has been overdrawn. Unfortunately, I am certain that the information contained in this letter is incorrect. In fact, the account in question is only used in case of emergencies, and I have not used this account whatsoever in the past 6 months.

   In order to correct the error, please contact me at your earliest convenience. If necessary, I am willing to go to the bank branch located near my residence and speak to a representative in person, where I can provide the appropriate documentation to prove the error.

Sincerely,
Jennifer Baker

담당자 님께

제 계좌가 초과 인출 되었다는 우편을 받았습니다.
하지만 해당 우편에 적힌 정보는 착오가 있었다는
것을 확인하는 바입니다. 사실, 문제가 된 해당
계좌는 긴급 상황에만 사용되는 계좌이며 저는 지난
6개월 간 쓴 적이 없습니다. 해당 오류를 정정할 수
있도록 가급적 빨리 제게 연락해주시기 바랍니다.
필요하다면, 제가 살고 있는 곳과 가까운 은행
지점으로 방문해 오류 사항을 증명할 문서들을
제공하고 관계자와 직접 이야기를 나누고 싶습니다.

제니퍼 베이커 올림

Dear Sir or Madam,
I received a **letter**

Indefinite + Countable +
Singular: a/an

지금은 글쓴이가 처음으로 받은 편지에 대해서 언급한 순간이다. 글쓴이가 편지의 주제를 소개하는 순간이라는 점으로 미루어보아 해당 명사는 지시하는 바가 구체적이지 않은 명사라고 할 수 있다. 또한 단수이며, 셀 수 있기 때문에 a가 쓰인다. 비슷한 예로, I bought a new pencil case yesterday(나 어제 새 필통 샀어) 혹은 I want to get a new watch(새 손목 시계 갖고 싶어)처럼 친구에게 말할 수 있다. 필통과 손목 시계라는 명사가 대화 속에서 처음으로 언급되었으므로 이들을 구체적이지 않은 명사로 취급하여 a가 사용되어야 하는 것이다.

informing
me that my **account**

Definite + Countable +
Singular: the

my, your, his, her 등과 같은 소유 형용사를 쓸 경우에는 the가 붙지 않는다.

has been overdrawn. Unfortunately, I am certain that the **information**

Definite + Uncountable: the

해당 명사 information은 형용사구의 수식을 받고 있기 때문에 지시하는 바가 분명하다. 이 형용사구는 해당 정보가 어떠한 정보인지 받는이에게 알려주고 있다. 따라서 정관사 the가 명사 앞에 붙는다. 다음의 문장 역시 형용사절의 수식을 받아 정관사 the를 쓰는 경우이다. The new pencil case (that) I bought is green(내가 산 필통은 초록색이다), I saw the movie (that) you recommended to me(네가 추천해준 영화를 봤다).

contained in this **letter**

Definite + Countable + Singular: the

여기서 가리키는 편지는 이들이 주고 받은 이메일 내용이기 때문에 지시하는 바가 분명하다. 이 경우, 글쓴이는 '편지'라는 단어가 '이메일 내용'이라는 점을 더욱 명확히 하기 위하여 the 대신 this를 사용했다. 지시 형용사(this, that, these, those)는 언제나 the를 대체할 수 있다.

is incorrect. In fact, the **account**

Definite + Countable + Singular: the

해당 계좌는 이미 언급되었기 때문에 지시하는 바가 분명하다. 또한, 'in question(문제가 된)'이라는 수식어를 붙임으로써 글쓴이가 어떤 계좌를 칭하고 있는 것인지 더욱 명확하게 표현했다.

in question is only used in **case**

Exception

case는 단수 명사로 부정관사가 필요하지만, in case of의 구문에서는 in university, by bus의 경우처럼 관사 없이 쓴다.

of **emergencies,**

Indefinite + Countable + Plural: Ø (no article)

글쓴이는 특정한 긴급 상황이 아니라 일반적인 긴급 상황을 일컫고 있다. 지시하는 바가 구체적이지 않고 복수이기 때문에 관사가 붙지 않는다.
예를 들어, She enjoys eating chocolate bars (그녀는 초코바를 먹는 것을 좋아한다), His job is selling boats(그는 선박을 파는 일을 한다)와 같이 쓰인다.

and I have not used this **account**

Definite + Countable + Singular: the

해당 계좌는 이미 언급되었으므로 지시하는 바가 분명하며, 글쓴이는 the 대신에 this라는 지시 형용사를 사용함으로써 언급하고 있는 대상을 명확히 했다.

whatsoever in the past 6 **months**.

Definite + Countable +
Plural: the

글쓴이는 6개월의 기간을 구체적으로 언급했다.
past(지난)라는 단어를 사용하여 정확히 어떤 6개월을
말하는지 드러냈다. 따라서 해당 명사는 지시하는
바가 분명하므로 관사 the가 사용되어야 한다.

In order to correct the **error,**

Definite + Countable +
Singular: the

error(오류)가 언급된 적이 없다고 할지라도
은행에서 어떤 오류가 있었는지는 첫 번째 문단에
설명되었다. 따라서 해당 오류는 이미 지시하는 바가
분명하므로 the가 사용되었다.

please contact me at your earliest **convenience.**

Definite + Uncountable: the

At your earliest convenience(가급적
빨리)는 대화 및 편지에서 자주 인용되는
구문이다. earliest(가장 빠른)라는 단어는 어떤
convenience(편의)를 의미하는지 받는이에게
설명하고 있으며 이에 따라 지시하는 바가 분명하다.
대개, 이런 경우 the를 사용하지만 앞에서
보았듯이, 소유 형용사(여기서는 your)가 대신
사용될 수 있다.

If necessary, I am willing to go to the **bank branch**

Definite + Countable +
Singular: the

located near my residence(집 주변에 위치한)이라는 형용사구가 branch(지점) 중에서 어떤 지점을 의미하는지 수식해주고 있으므로 the를 써야 한다.

located near my **residence**

Definite + Countable +
Singular: the

글쓴이는 특정한 거주지(그녀 자신의 집)를 칭하고 있기 때문에 지시하는 바가 분명하다. the 대신 소유형용사를 사용하여 더욱 정확하게 표현했다.

and
speak to a **representative**

Indefinite + Countable +
Singular: a/an

글쓴이는 방문한 은행 지점에 있는 관계자면 누구라도 상관 없이 이야기를 나누고자 한다. 이 때문에 해당 명사는 지시하는 바가 구체적이지 않고 셀 수 있는 명사이자 단수이므로 a가 쓰인다. I need to find a mechanic to fix my car(차를 고치려면 기술자를 찾아야 해), He should really see a doctor(그는 정말 의사를 만나야 해)라는 문장을 참고해 보자.

in
person,

In person(직접, 몸소)는 관용구로, 단수명사이지만 in case of, in university, by bus처럼 관사가 쓰이지 않는다.

where I can provide
the appropriate **documentation**

Definite + Uncountable: the

appropriate(적절한)이라는 단어를 통해 그녀가 정확히 제공하고자 하는 documentation(문서)가 무엇인지 보여주기 때문에 the를 붙여야 한다. 특정한 형용사들은 명사를 한정하기 위하여 쓰인다. 예를 들어, I found the perfect dress for my wedding(내 결혼식에 입을 완벽한 드레스를 찾았다), That is not the correct answer(그것은 정답이 아니다)와 같은 경우다. 앞서 쓰인 (appropriate, perfect, correct)와 같은 형용사들은 뒤에 오는 명사가 무엇인지 말해준다. 하지만 이 경우를 제외한 대부분의 경우에 형용사는 명사를 단순히 설명하는데 그치며 규정하진 않는다. I found a beautiful dress for my wedding(내 결혼식에 입을 아름다운 드레스를 찾았다), That is not a good answer(그것은 좋은 대답이 아니다)와 같은 경우다.

to prove the **error.**

Definite + Countable +
Singular: the

다시 말하자면, 글쓴이는 첫 문단에서 언급된 은행의 실수에 대해 언급하고 있다. 해당 오류에 대해 이미 설명을 마쳤기 때문에 지시하는 바가 분명하므로 the가 함께 사용되어야 한다.

Sincerely,
Jennifer Baker

비로소 알게 된 관사

    Dear Sir or Madam,
I received ___ letter informing me that ___ my account
has been overdrawn. Unfortunately, I am certain that
___ information contained in ___ this letter is incorrect.
In fact, ___ account in question is only used in ___ case
of ___ emergencies, and I have not used ___ this account
whatsoever in the past ___ 6 months.
    In order to correct ___ error, please contact me
at your earliest convenience. If necessary, I am willing
to go to ___ bank branch located near ___ my residence
and speak to ___ representative in ___ person, where I
can provide ___ appropriate documentation to prove
___ error.

    Sincerely,
    Jennifer Baker

The question is ...

Dear Mr. Sanders,
We are pleased to inform you that you have been selected to participate in ___ second round of interviews on Tuesday, January 7th at 10:00 AM. We were impressed by ___ your performance in ___ group interview, particularly ___ leadership skills and teamwork ability that you displayed. ___ next stage of ___ interview process is ___ one-to-one discussion with ___ HR manager. ___ conversation will focus on ___ your previous job experience and ___ skills you could bring to ___ company. Please prepare a portfolio of ___ your recent work to share with ___ interviewer. We look forward to seeing you on ___ Tuesday.

Sincerely,
John Edwards
Recruitment Manager, ABC Company

The answer is ...

Dear Mr. Sanders,
We are pleased to inform you that you have been selected to participate in <u>the</u> second round of interviews on Tuesday, January 7th at 10:00 AM. We were impressed by Ø your performance in <u>the</u> group interview, particularly <u>the</u> leadership skills and teamwork ability that you displayed. <u>The</u> next stage of <u>the</u> interview process is <u>a</u> one-to-one discussion with <u>the</u> HR manager. <u>The</u> conversation will focus on Ø your previous job experience and <u>the</u> skills you could bring to <u>the</u> company. Please prepare a portfolio of Ø your recent work to share with <u>the</u> interviewer. We look forward to seeing you on Ø Tuesday.

Sincerely,
John Edwards
Recruitment Manager, ABC Company

Dear Mr. Sanders,

We are pleased to inform you
that you have been selected
to participate in the second
round of interviews on Tuesday,
January 7th at 10:00 AM.
We were impressed by your
performance in the group
interview, particularly the
leadership skills and teamwork
ability that you displayed.
The next stage of the interview
process is a one-to-one
discussion with the HR manager.
The conversation will focus on
your previous job experience
and the skills you could bring
to the company. Please prepare
a portfolio of your recent work
to share with the interviewer.

We look forward to seeing you on Tuesday.

Sincerely,
John Edwards
Recruitment Manager,
ABC Company

샌더 님께

1월 7일 화요일 오전 10시에 있을 2차 면접 참가를 알려드리게 되어 기쁩니다. 그룹 면접에서 보여주신 퍼포먼스, 특히 리더십 역량과 팀웍 협업에 매우 감명받았습니다. 다음 인터뷰 순서는 HR 담당자와의 1대 1 토론입니다. 이 논의 과정에서는 귀하의 이전 업무 경험과 회사에 기여할 수 있는 역량에 초점을 맞출 것입니다. 인터뷰 담당자와 공유할 수 있도록 가장 최근에 작업한 포트폴리오를 준비해주십시오. 화요일에 뵙길 기다리고 있겠습니다.

존 에드워드 드림
ABC 회사, 채용 담당자

Dear Mr. Sanders,
We are pleased to inform you that you have been selected to participate in the second **round**

Definite + Countable + Singular: the	서수 second는 일반 형용사와 달리 명사를 규정하므로 정관사 the를 쓴다.

of interviews on Tuesday, January 7th at 10:00 AM. We were impressed by your **performance**

Definite + Uncountable: the	your가 이메일 수신자에게 성과의 주체에 대해 알려주고 있으므로 지시하는 바가 분명하지만 소유 형용사 your는 the의 자리를 대신하므로 관사는 쓰지 않는다.

in the group **interview,**

Definite + Countable + Singular: the	글쓴이와 이메일 수신자 사이 공유하고 있는 맥락으로 지시하는 바가 분명하다. 수신자는 이미 첫 번째 인터뷰에 참여했던 것으로 보인다. 따라서 글쓴이가 the group interview라고 하더라도 무엇을 말하고 있는지 아는 것이다.

particularly the **leadership skills** and **teamwork ability**

Definite + Countable + Plural: the

해당 명사는 that you displayed라는 형용사 절로 지시하는 바가 분명하므로 정관사 the를 쓴다.

that you displayed. The next **stage**

Definite + Countable + Singular: the

next는 앞서 보았던 서수(second round)와 유사한 경우다. 다음 단계는 하나 밖에 없기 때문에 지시하는 바가 분명하므로 the가 추가된다.

of the **interview** **process**

Definite + Countable + Singular: the

공유되고 있는 맥락을 바탕으로 이메일 수신자는 글쓴이가 여기서 어떤 인터뷰 순서에 대해 말하고 있는지 안다. 지시하는 바가 분명하므로 the가 쓰인다.

is a one-to-one
discussion

Indefinite + Countable +
Singular: a/an

이것은 이메일 수신자가 두 번째 인터뷰의 세부 사항에 대해 처음으로 알게 되는 순간이다. 글쓴이가 이 정보에 대해 처음으로 공유하고 있다. 따라서 지시하는 바가 구체적이지 않고 셀 수 있고 단수이기 때문에 글쓴이는 a/an을 추가했다.

with the **HR manager.**

Definite + Countable +
Singular: the

이 회사에는 HR 매니저가 한 명만 있는 것으로 추정된다. 따라서 글쓴이가 the를 붙여 the HR manager라고 하면 이메일 수신자는 이 회사의 HR 매니저라는 점을 알 수 있다. 만약 여러 명의 HR 매니저가 있었다면 글쓴이는 아마 an HR manager 혹은 one of our HR managers라고 적었을 것이다. 하지만 매니저가 한 명뿐인 것으로 보이고 지시하는 바가 분명하므로 the가 쓰인다.

The **conversation**

Definite + Countable +
Singular: the

글쓴이는 이메일에서 이 대화에 대해 이미 이야기했다. 이메일 수신자가 어떤 대화에 대한 것인지 알고 있기 때문에 이 명사는 지시하는 바가 분명하므로 the가 쓰인다.

will focus on
your previous **job experience**

Definite + Uncountable: the

your가 이메일 수신자에게 누구의 직업 경험에 대한 것인지 알려주고 있기 때문에 지시하는 바가 분명하지만 소유 형용사가 the의 자리를 대신하므로 관사는 쓰지 않는다.

and the **skills**

Definite + Countable +
Plural: the

형용사 절 (that) you could bring to the company이 이메일 수신자에게 어떤 능력(skills)이라는 것을 알려주고 있기 때문에 지시하는 바가 분명하다.

you could bring
to the **company.**

Definite + Countable +
Singular: the

글쓴이와 이메일 수신자 간 공유되고 있는 문맥상 두 사람 모두 어떤 회사에 대해 말하고 있는 것인지 알고 있다. 지시하는 바가 분명하므로 the가 반드시 사용되어야 한다.

Please prepare
a portfolio of your recent **work**

Definite + Uncountable: the

앞선 your previous job experience처럼 여기서 your는 명사를 규정하는 데 쓰였으며 the를 대체했기 때문에 관사가 필요하지 않다.

to share with the **interviewer.**

Definite + Countable +
Singular: the

이메일 수신자는 일대일 인터뷰라는 두 번째 입사 면접의 세부 사항을 이미 알고 있다. 따라서 이메일 수신자는 이 곳에서 어떤 면접관에 대해 말하고 있는 것인지 안다. 지시하는 바가 분명하므로 the가 추가되어야 한다.

We look forward to seeing you on **Tuesday.**

Exception

the Monday after next(다음 주 월요일), The Saturday when my mom came to visit(엄마가 방문했었던 토요일)과 같은 특별한 경우가 아니면 일반적으로 요일 앞에는 관사를 붙이지 않는다.

Sincerely,
John Edwards
Recruitment Manager,
ABC Company

비로소 알게 된 관사

Dear Mr. Sanders,
We are pleased to inform you that you have been selected to participate in ___ second round of interviews on Tuesday, January 7th at 10:00 AM. We were impressed by ___ your performance in ___ group interview, particularly ___ leadership skills and teamwork ability that you displayed. ___ next stage of ___ interview process is ___ one-to-one discussion with ___ HR manager. ___ conversation will focus on ___ your previous job experience and ___ skills you could bring to ___ company. Please prepare a portfolio of ___ your recent work to share with ___ interviewer. We look forward to seeing you on ___ Tuesday.

Sincerely,
John Edwards
Recruitment Manager, ABC Company

The question is ...

Dear Sir or Madam:

I am writing to enquire about ___ availability of ___ some electronics equipment that I am not able to procure in ___ small town where I live. Specifically, I am interested in purchasing ___ Sony 32-inch television. I saw it advertised on ___ your website, but I would like to confirm that you have it in ___ store before I make ___ trip to buy it. Also, I would like to confirm ___ price. Does ___ price listed online apply to ___ in-store purchases as well?

I thank you for ___ your time and look forward to ___ your reply.

Sincerely,
Paulo Silva

The answer is ...

Dear Sir or Madam:

I am writing to enquire about <u>the</u> availability of Ø some electronics equipment that I am not able to procure in <u>the</u> small town where I live. Specifically, I am interested in purchasing <u>a</u> Sony 32-inch television. I saw it advertised on Ø your website, but I would like to confirm that you have it in <u>the</u> store before I make <u>the</u> trip to buy it. Also, I would like to confirm <u>the</u> price. Does <u>the</u> price listed online apply to Ø in-store purchases as well?

I thank you for Ø your time and look forward to Ø your reply.

Sincerely,
Paulo Silva

Dear Sir or Madam:

I am writing to enquire about the availability of some electronics equipment that I am not able to procure in the small town where I live. Specifically, I am interested in purchasing a Sony 32-inch television. I saw it advertised on your website, but I would like to confirm that you have it in the store before I make the trip to buy it. Also, I would like to confirm the price. Does the price listed online apply to in-store purchases as well?

I thank you for your time and look forward to your reply.

Sincerely,
Paulo Silva

담당자 님께:

제가 살고 있는 소규모 도시에서는 구하기 어려운
전자 제품 재고 여부를 문의 드리고자 합니다.
특별히 32인치 소니 텔레비전을 구매하고 싶습니다.
귀사의 웹페이지에서 이 제품에 대해 광고하는
것을 보았지만, 구매차 매장 방문을 하기 전에
귀사의 매장에 해당 제품이 있는지 확인하고자
합니다. 또한, 가격을 확인하고 싶습니다. 온라인
상에 적혀있는 가격이 매장 내에서 구매할 때에도
적용되나요?
　　시간 내주셔서 감사드리며 회신을 기다리고
있겠습니다.

　　파울로 실바 드림

Dear Sir or Madam:
I am writing to enquire about the
availability

Definite + Uncountable: the

of some electronics equipment이라는 구로 지시하는 바가 분명하다. 재고 대상을 정확히 알려주고 있으므로 정관사 the를 사용한다.

# of some **electronics**
equipment

Indefinite + Uncountable: Ø
(no article)

독자는 어떤 전자 제품에 관한 것인지 (아직) 알지 못한다. 처음으로 제품이 언급된 순간이다. 명사 뒤에 따라오는 that I am not...이라는 절은 어떤 제품인지에 대해 말해주지 않는다. 사실, 글쓴이가 살고 있는 도시에서 살 수 없는 제품들은 아마 매우 많을 것이다. 또한, electronics 자체만으로는 제품의 종류만 말해줄 수 있을 뿐이다. 해당 명사가 셀 수 없고, 지시하는 바가 구체적이지 않으므로 관사가 필요없다.

that I am not able
to procure in the small **town**

Definite + Countable +
Singular: the

어떤 곳인지 where I live라는 절이 독자에게 알려주고 있기 때문에 지시하는 바가 분명하다. 독자들이 도시의 이름까지 알지는 못하지만 명사를 규정하는 데엔 불필요한 정보다.

where

I live. Specifically, I am interested in purchasing a **Sony 32-inch television**.

Indefinite + Countable +
Singular: a/an

해당 매장이 32인치 소니 텔레비전 한 대만 보유할 수도 있을 것이다. 하지만 해당 매장이 이 텔레비전 재고를 다수 보유하고 있을 수도 있다. 이 경우, 글쓴이가 그 중에서 어떤 텔레비전을 원하는지는 중요하지 않다. 그는 소니 32인치 텔레비전 재고품이라면 그 어느 것이라도 받아들일 것이다. 지시하는 바가 구체적이지 않고 셀 수 있고 단수이기 때문에 a/an이 사용되었다.

I saw it advertised on your **website,**

Definite + Countable +
Singular: the

소유 형용사 your로 어떤 웹사이트인지 독자에게 알려주므로 지시하는 바가 분명하고, the의 자리를 대신해 쓰였다.

but I would like to confirm that you have it in the **store**

어떤 매장이 언급되고 있는지 독자가 알고 있기 때문에 지시하는 바가 분명하므로 the를 사용한다.

before I make the **trip**

Definite + Countable + Singular: the

to buy it이라는 구로 인해 지시하는 바가 분명하다. 어떤 trip(여정)을 말하고 있는 것인지 독자에게 알려준다. 따라서 the가 쓰인다.

to buy it. Also, I would like to confirm the **price**.

Definite + Countable + Singular: the

글쓴이가 텔레비전의 가격에 대해 말하고 있다는 것을 독자들이 추측할 수 있기 때문에 지시하는 바가 분명하다. of the TV가 없어도 문맥이 구체적이므로 반드시 the를 사용한다.

Does the **price**

Definite + Countable + Singular: the

정확히 어떤 가격을 말하는지 listed online이라는 구로 알 수 있기 때문에 지시하는 바가 분명하므로 the가 반드시 쓰인다.

listed
online apply to in-store **purchases**

Indefinite + Countable +
Plural: Ø (no article)

명사 앞에 쓰인 in-store이라는 형용사가 어떤
종류의 구매인지 알려주지만 무엇을 구매하는
것인지 알려주진 않는다. 위에서 본 electronics
equipment의 예와 비슷한 경우다. 명사가 셀 수
있고 복수이자, 지시하는 바가 구체적이지 않으므로
어떠한 관사도 사용되지 않는다.

as well?
I thank you for your **time**

Definite + Uncountable: the

your가 누구의 시간이라고 한정하고 있으므로
지시하는 바가 분명하다. your website의 예처럼
소유 형용사가 the의 자리를 대신하였다.

and
look forward to your **reply**.

Definite + Countable +
Singular: the

위의 예와 비슷하게 소유 형용사 your가 the의
자리를 대신하므로 관사는 쓰지 않는다.

Sincerely,
Paulo Silva

비로소 알게 된 관사

Dear Sir or Madam:
I am writing to enquire about ___ availability of ___
some electronics equipment that I am not able to
procure in ___ small town where I live. Specifically, I am
interested in purchasing ___ Sony 32-inch television.
I saw it advertised on ___ your website, but I would like
to confirm that you have it in ___ store before I make
___ trip to buy it. Also, I would like to confirm ___ price.
Does ___ price listed online apply to ___ in-store
purchases as well?

I thank you for ___ your time and look forward to ___
your reply.

Sincerely,
Paulo Silva

Unit 4   Job Opening

The question is ...

Dear Mr. Johnson,

___ My former co-worker, Roger Clements, suggested that I write to you to inquire about ___ possible job openings in ___ your marketing department.

I have always been impressed with ___ your company's marketing campaigns, and it has been ___ major goal of mine to become ___ member of ___ your marketing team.

In ___ my current job as ___ Marketing Assistant for ___ Great Shoe Company, I have gained a great deal of ___ experience in running ___ successful advertising campaign. I have attached ___ my resume and ___ a few samples of ___ recent projects I have worked on.

Thank you for ___ your time, and I hope to hear from you soon.

Sincerely,
Jenny Choi

The answer is ...

Dear Mr. Johnson,

Ø My former co-worker, Roger Clements, suggested that I write to you to inquire about Ø possible job openings in Ø your marketing department.

I have always been impressed with Ø your company's marketing campaigns, and it has been a major goal of mine to become a member of Ø your marketing team.

In Ø my current job as Ø Marketing Assistant for Ø Great Shoe Company, I have gained a great deal of Ø experience in running a successful advertising campaign. I have attached Ø my resume and Ø a few samples of the recent projects I have worked on.

Thank you for Ø your time, and I hope to hear from you soon.

Sincerely,
Jenny Choi

Dear Mr. Johnson,

My former co-worker, Roger Clements, suggested that I write to you to inquire about possible job openings in your marketing department.

I have always been impressed with your company's marketing campaigns, and it has been a major goal of mine to become a member of your marketing team.

In my current job as Marketing Assistant for Great Shoe Company, I have gained a great deal of experience in running a successful advertising campaign. I have attached my resume and a few samples of the recent projects I have worked on.

Thank you for your time, and I hope to hear from you soon.

Sincerely,
Jenny Choi

존슨 님께

저의 전 직장 동료인 로저 클레먼트에게서 귀사의 마케팅 부서 공석 여부를 귀하께 문의해보도록 추천받았습니다.

귀사의 마케팅 캠페인을 항상 인상깊게 보고 있었기에, 저에겐 귀사의 마케팅 팀 일원이 되는 것이 중요한 목표였습니다.

저는 현재 Great Shoe 사의 마케팅 어시스턴트로서 광고 캠페인을 성공적으로 운영하는 경험을 다수 쌓았습니다. 저의 이력서와 최근 작업했었던 몇몇 프로젝트를 첨부했습니다. 시간 내어주셔서 감사드리며 빠른 시일 내에 답변주시면 감사하겠습니다.

성의를 다해,
제니 최 드림

Dear Mr. Johnson,
My former **co-worker,**

Definite + Countable +
Singular: the

소유 형용사 my와 동격으로 거론된 Roger Clements가 동료(co-worker)가 지시하는 바를 분명히 하고 있다. 하지만 소유 형용사 my가 the의 자리를 대신하므로 관사는 쓰지 않는다.

Roger Clements, suggested that I write to you to inquire about possible **job openings**

Indefinite + Countable +
Plural: Ø (no article)

글쓴이가 어떤 공석인지 분명히 밝히지는 않았으므로 지시하는 바가 구체적이지 않다. 형용사 possible과 in your marketing department 구가 있지만 해당 명사를 설명할 뿐 규정하진 않는다. 또한 셀 수 있고 복수이기 때문에 관사가 필요하지 않다.

in your marketing **department.**

Definite + Countable +
Singular: the

소유 대명사 your가 독자에게 어떠한 마케팅 부서인지 알려주고 있기에 지시하는 바가 분명하지만 the의 자리를 대신하므로 관사는 쓰지 않는다.

I have always been impressed with your company's **marketing campaigns,**

Definite + Countable + Plural: the

your company's가 지시하는 바를 분명히 하고 있지만 the의 자리를 대신하므로 관사는 쓰지 않는다.

and it has been a major **goal**

Indefinite + Countable + Singular: a/an

해당 명사는 of구가 명사를 규정하지 못하는 드문 경우로, 함께 쓰인 형용사마저 명사를 설명하기만 할뿐 정의하진 못하고 있다. 이런 경우 부정관사를 쓰는 이유를 다음을 통해 살펴볼 수 있다. 예를 들어, 만약 당신이 펜 하나를 들고 있다면 Please give me the pen(그 펜을 내게 줘)라고 말했을 것이다. 이때에는 무슨 펜을 말하고 있는지 알 수 있으므로 펜은 구체적인 명사가 된다. 하지만 만약 화자가 펜 여러 개를 들고 있다면 Please give me a pen(펜 하나 줘)라고 말했을 것이다. 이 경우에는 청자가 여러 개의 펜을 갖고 있기 때문에 화자가 무슨 펜을 지칭하는지 알기 어렵고 따라서 the를 사용할 수 없게 되는 것이다. 지시하는 바가 분명하지 않고 셀 수 있고 단수이기 때문에 글쓴이는 a/an을 사용한다.

# of mine to become
a **member**

Indefinite + Countable +
Singular: a/an

위에서 나온 예시(a major goal)와 비슷하게,
마케팅 팀에는 직원들이 많이 있기에 이 명사는
지시하는 바가 구체적이지 않은 명사다. 글쓴이는
이들 중 한 명이 되고 싶은 것이다. 이는 of로
시작하는 구(of your marketing team)가 명사를
규정하지 못하는 드문 경우 중 하나이다. 또한 셀 수
있고 단수이기 때문에 a/an이 쓰인다.

# of your marketing **team**.

Definite + Countable +
Singular: the

your가 지시하는 바를 분명히 하고 있지만 the의
자리를 대신하므로 관사는 쓰지 않는다.

In my current **job**

Definite + Countable +
Singular: the

my 및 current가 지시하는 바를 분명히 하고 있지만
the의 자리를 대신하므로 관사는 쓰지 않는다.

as **Marketing**
Assistant

Exception

직업명 Marketing Assistant 앞에는 관사를
붙이지 않는다.

for **Great Shoe Company,**

Exception | 회사명 역시 고유 명사로 관사를 사용하지 않는다.

I have gained a great deal of **experience**

Indefinite + Uncountable: Ø
(no article)

독자가 어떤 경험에 대한 것인지 모르기 때문에 이 명사(experience)는 지시하는 바가 구체적이지 않다. 이 명사 앞에 수량사(a great deal of)가 있고 명사 뒤에는 구(in running)가 있지만 이 두가지 모두 명사를 설명만 할 뿐 규정하지 못한다. 또한 셀 수 없기 때문에 아무런 관사도 사용되지 않는다. 관사 a는 수량사 a great deal of의 일부분일 뿐이다.

in running a successful advertising campaign.

Indefinite + Countable +
Singular: a/an

글쓴이가 어떤 특정한 캠페인이 아닌 일반적인 성공적인 광고 캠페인에 대해 말하고 있기 때문에 지시하는 바가 구체적이지 않다. successful과 advertising은 해당 명사를 설명할 뿐, 규정해주진 못한다. 또한 셀 수 있고 단수이기 때문에 a/an이 반드시 있어야 한다.

I have attached my **resume**

Definite + Countable +
Singular: the

소유 형용사 my가 누구의 이력서인지 한정하고
있으므로 지시하는 바가 분명하지만 소유 형용사가
the의 자리를 대신하므로 관사는 쓰지 않는다.

and a few **samples**

Indefinite + Countable +
Plural: Ø (no article)

글쓴이가 어떤 사례에 대한 것인지 명시하지 않았기
때문에 지시하는 바가 분명하지 않다. of the recent
projects ...라는 구가 있긴 하지만 이 구는 사례의
종류만 알려줄 뿐 사례 자체를 정의하진 못한다.
셀 수 있고 복수이므로 관사는 쓰지 않는다. 여기서
a라는 관사를 볼 수 있지만 이것은 위에 나온 a
great deal의 용법과 비슷하게 a few라는 수량사의
일부분일 뿐이다.

of the recent **projects**

Definite + Countable +
Plural: the

형용사절 (that) I have worked on이 독자에게
어떤 프로젝트에 대한 것인지 알려주기 때문에
지시하는 바가 분명하므로 the가 추가되었다.

모든 관사를 설명합니다

I have
worked on.
Thank you for your **time**,

Definite + Uncountable: the | 소유 형용사 your이 지시하는 바를 분명히 하고
있지만 the의 자리를 대신하므로 관사는 쓰지 않는다.

and
I hope to hear from you soon.

Sincerely,
Jenny Choi

비로소 알게 된 관사

Dear Mr. Johnson,

___ My former co-worker, Roger Clements, suggested that I write to you to inquire about ___ possible job openings in ___ your marketing department.

I have always been impressed with ___ your company's marketing campaigns, and it has been ___ major goal of mine to become ___ member of ___ your marketing team.

In ___ my current job as ___ Marketing Assistant for ___ Great Shoe Company, I have gained a great deal of ___ experience in running ___ successful advertising campaign. I have attached ___ my resume and ___ few samples of ___ recent projects I have worked on.

Thank you for ___ your time, and I hope to hear from you soon.

Sincerely,
Jenny Choi

The question is ...

Hello Sam,

I hope ___ everything is going well for you in ___ Chicago. Actually, I have decided to take ___ art history course in ___ US. Ideally, I would like to identify ___ right program beginning in ___ Fall of ___ 2018.

I know that you are not ___ student anymore, but I thought that with ___ your ties to ___ art scene in ___ Chicago, you might be able to help me identify ___ suitable program. I have created ___ short list based on ___ my own research, but if you could help me narrow it down and contact ___ department head, I would be very grateful.

Sincerely,
Rahim Sterling

The answer is ...

Hello Sam,

I hope Ø everything is going well for you in Ø Chicago. Actually, I have decided to take an art history course in the US. Ideally, I would like to identify the right program beginning in the Fall of Ø 2018.

I know that you are not a student anymore, but I thought that with Ø your ties to the art scene in Ø Chicago, you might be able to help me identify a suitable program. I have created a short list based on Ø my own research, but if you could help me narrow it down and contact the department head, I would be very grateful.

Sincerely,
Rahim Sterling

Hello Sam,

I hope everything is going well for you in Chicago. Actually, I have decided to take an art history course in the US. Ideally, I would like to identify the right program beginning in the Fall of 2018.
   I know that you are not a student anymore, but I thought that with your ties to the art scene in Chicago, you might be able to help me identify a suitable program. I have created a short list based on my own research, but if you could help me narrow it down and contact the department head, I would be very grateful.

Sincerely,
Rahim Sterling

샘, 안녕

시카고에서 순조로이 잘 지내고 있길 바라. 사실,
난 미국에서 미술사 수업을 듣기로 결정했어.
이상적으로는 2018년 가을에 시작하면 좋을
프로그램을 찾고 싶어. 비록 네가 더이상 학생이
아니란 걸 알지만 시카고 예술계와의 인맥이
있는 너라면 내가 적절한 프로그램을 찾는 데
도움을 줄 수 있을 것 같아서. 내가 알아본 대로
리스트를 조금 만들어봤어. 그렇지만 네가
추려서 부서장과 연락하는데 도움을 줄 수 있으면
정말 고마울 거야.

진심을 담아
라힘 스털링

Hello Sam,
I hope **everything**

Exception | 대명사(something, anything, you, me, them 등) 앞에는 어떠한 관사도 추가할 필요가 없다.

is going well for you in **Chicago**.

Exception | 대부분의 고유 명사 앞에는 관사가 필요없다. 도시, 주 그리고 대부분의 국가에는 관사를 쓰지 않는다. 하지만 the Middle East, the South, the west coast 등과 같은 지역에는 the가 필요하다.

Actually, I have decided to take an art history **course**

Indefinite + Countable + Singular: a/an | 지시하는 바가 구체적이지 않다. Sam(받는 이)은 Rahim(글쓴이)이 어떤 미술사 과정을 듣고 싶어하는지 모르기 때문이다. art history(미술사)와 in the US는 과정(course)을 설명하지만 규정하지는 못해, 해당 명사는 구체적이지 않은 명사로 남는다.

in the **US.**

특정 국가명 앞에는 the가 필요하다. 이러한 국가명의 경우, 대개 보통 명사가 포함돼 있거나 국가명이 복수형인 경우(-s가 끝에 붙어있는 경우)로 the Unites States, the United Kingdom, the United Arab Emirates, the Philippines, the Virgin Islands, the Bahamas가 있다. Korea는 the가 필요 없는 아주 좋은 예로, The Republic of Korea은 the를 필요로 하는데, republic(공화국)이라는 보통 명사가 이름 안에 들어있기 때문이다.

Ideally, I would like to identify the right **program**

Definite + Countable + Singular: the

right(알맞은)이라는 형용사로 인해 해당 명사는 지시하는 바가 분명하므로 the를 추가했다. 대부분의 형용사는 명사를 규정하지 않지만(ex. a good program, an expensive program) 특정 형용사들은 명사를 규정하기도 한다. 이 경우, 알맞은(완벽한) 프로그램은 하나밖에 없기 때문에 right이라는 단어는 명사를 딱 하나의 옵션으로 한정지었다. 명사를 한정하는 형용사의 다른 예로는 correct(옳은), best(최고의), ideal(이상적인), only(단지)가 있다. 비교해볼 좋은 예로는 a wrong answer과 the right answer의 차이이다. 정답은 단 하나이지만, 오답은 매우 많다.

beginning in the **Fall**

of 2018로 지시하는 바가 분명하다. 이는 정확히 어떤 가을을 칭하고 있는지 Sam에게 알려주므로 the를 사용했다.

of **2018.**

이러한 년도 앞에는 관사를 쓰지 않는다.

I know that you are not a **student**

사람이나 물건의 종류나 범주를 뜻하는 명사, 예를 들어 She is a teacher(그녀는 선생님이다), My brother is a hard worker(내 남동생은 성실한 근로자이다) 혹은 This is a laptop computer(이것은 노트북이다)는 지시하는 바가 구체적이라고 보지 않는다. 또한 셀 수 있고 단수이므로 a/an을 사용했다.

anymore, but I thought that with your **ties**

소유 대명사 your가 지시하는 바를 분명히 하고 있지만 the의 자리를 대신하므로 관사는 쓰지 않는다.

to the art **scene**

Definite + Countable +
Singular: the

in Chicago(시카고에서)라는 구로 글쓴이가 정확히
어떤 미술계를 지칭하는지 독자에게 알려주고
있으므로 정관사 the를 사용했다.

in

Chicago,

Exception

도시 이름 앞에는 관사를 붙이지 않는다.

you might be able to help me identify a suitable **program.**

Indefinite + Countable +
Singular: a/an

앞의 the right program의 예시와 비교해보자.
글쓴이에게 완벽한 프로그램은 하나밖에 없기 때문에
right이라는 형용사는 명사를 규정했다. 하지만
suitable(적당한) 프로그램은 여러 개일 수 있다.
아주 작은 차이이지만 이 차이때문에 지시하는
바가 구체적이지 않다. 또한 셀 수 있고 단수이므로
a/an을 사용한다.

I have created a short **list**

Indefinite + Countable +
Singular: a/an

해당 명사는 구체적이지 않지만 판단하기에 조금 까다로울 수 있다. 글쓴이는 특정 리스트를 염두하고 있지만 이 리스트가 언급된 것은 처음이다. 사실, 이 문장의 의도는 해당 명사를 대화 속에서 소개하기 위함이다. 이와 같은 예시로는 I bought a new car(새로운 자동차를 샀다), I have a small cut on my arm(내 팔에 작은 상처가 났다), I made an appointment to see a doctor(진료 예약을 잡았다)와 같은 문장이 있다. 이 모든 예시에서 문장의 의도는 명사를 대화 속에 소개시키는 것이므로 명사가 구체적으로 언급되더라도 지시하는 바가 분명한 명사가 될 수 없다. 또한 셀 수 있으며, 단수이므로 a/an이 사용되었다.

based on my own **research,**

Definite + Countable +
Singular: the

글쓴이가 독자에게 정확히 어떤 조사를 말하고 있는지 알리기 위하여 my own을 사용했기 때문에 지시하는 바가 분명하다. 하지만 소유 형용사가 the의 자리를 대신하므로 관사는 쓰지 않는다.

but if you could help me narrow it down and contact the **department head**,

Definite + Countable +
Singular: the

이메일 첫 부분에 글쓴이는 a suitable program(적당한 프로그램)을 찾고 있다고 언급한 바 있다. 문맥에 기초하여 글쓴이가 해당 프로그램의 부서 담당자를 언급하고 있다는 점을 독자는 이해할 수 있다. 그가 of that program(그 프로그램의)라는 구를 사용하지 않았어도 문맥상 함의되어 있다. 글쓴이가 어떤 부서 담당자를 말하는지 독자가 알 수 있기 때문에 지시하는 바가 분명하므로 the를 사용했다.

I would be very grateful.

Sincerely,
Rahim Sterling

비로소 알게 된 관사

Hello Sam,

I hope ___ everything is going well for you in ___ Chicago. Actually, I have decided to take ___ art history course in ___ US. Ideally, I would like to identify ___ right program beginning in ___ Fall of ___ 2018.

I know that you are not ___ student anymore, but I thought that with ___ your ties to ___ art scene in ___ Chicago, you might be able to help me identify ___ suitable program. I have created ___ short list based on ___ my own research, but if you could help me narrow it down and contact ___ department head, I would be very grateful.

Sincerely,
Rahim Sterling

Chapter

4

Story

Chapter 4 - Story

The question is ...

Last ___ Friday, I was walking ___ home next to ___ Treeside Lake, when something strange happened to me. It was late, and it had been ___ long day at ___ work. ___ moon was shining bright in ___ sky and all was quiet. I had left ___ pub, where I had ___ burger and ___ drink, and I decided to sit down and look at ___ moon for while. I took ___ seat on ___ some steps close to ___ water and looked up, feeling myself start to relax. I started to feel sleepy, so I closed ___ my eyes and quickly fell asleep.

The answer is ...

Last Ø Friday, I was walking Ø home next to Ø Treeside Lake, when something strange happened to me. It was late, and it had been a long day at Ø work. The moon was shining bright in the sky and all was quiet. I had left the pub, where I had a burger and a drink, and I decided to sit down and look at the moon for while. I took a seat on Ø some steps close to the water and looked up, feeling myself start to relax. I started to feel sleepy, so I closed Ø my eyes and quickly fell asleep.

Last Friday, I was walking home next to Treeside Lake, when something strange happened to me. It was late, and it had been a long day at work. The moon was shining bright in the sky and all was quiet. I had left the pub, where I had a burger and a drink, and I decided to sit down and look at the moon for while. I took a seat on some steps close to the water and looked up, feeling myself start to relax. I started to feel sleepy, so I closed my eyes and quickly fell asleep.

지난주 금요일, 트리사이드 호수를 따라 집으로
가고 있는 중에 이상한 일이 있었다. 늦은
시간이었고 일터에서 고단한 하루를 보내고 난
뒤였다. 하늘에 달이 밝았고 주변은 매우 고요했다.
나는 햄버거와 음료를 먹었던 술집에서 나오는
길이었는데 잠시동안 앉아서 달을 쳐다보기로
했다. 물가에서 몇 발자국 떨어진 곳에 앉아 위를
올려다보고 있자니 몸의 긴장이 점점 풀리는 듯했다.
졸리기 시작해 눈을 감았고 곧 잠에 빠져들었다.

Last **Friday,**

Exception

요일(Friday, Monday, Wednesday 등)은 명사가 될 수도 있지만 this Monday, next Tuesday 혹은 last Friday처럼 부사구의 일부가 될 수도 있다. 이번 경우, Friday가 last Friday 라는 부사구의 일부이므로 명사로 사용되지 않았고 따라서 관사가 불필요하다.

I was walking **home**

Exception

home이라는 단어는 대개 부사로 쓰인다. 항상 명사로 쓰이는 house와 다른데, house는 물리적인 형체가 있는 것을 가리키는 반면 home은 방향을 지칭하여 go, come, visit과 같은 동작 동사와 함께 사용한다. 비슷한 단어들로는 outside, upstairs, abroad가 있다. 명사가 아니라 부사이므로 앞에 관사가 필요 없다.

next to **Treeside Lake,**

Exception

호수 이름에는 관사를 쓰지 않는다. 반면에 강(the Nile River, the Mississippi river) 및 바다(the Atlantic Ocean, the Pacific Ocean) 앞에는 the를 사용한다.

when something strange happened to me. It was late, and it had been a long **day**

글쓴이가 해당 명사를 처음으로 소개하고 있으므로 지시하는 바가 구체적이지 않다. 이 문장에서 동사는 be (had been)이며 문장의 목적은 새로운 명사를 소개하는 데 있다. 다음과 같은 경우도 이와 비슷한 예다. My father is a doctor(우리 아버지는 의사다), It was a green pickup truck(이것은 초록색 소형 트럭이었다), It has been an exciting adventure(신나는 모험이었다). 형용사 long은 부정관사 a/an을 쓰는 또 하나의 힌트로, day를 규정해주지는 못한다. a strong personality, a yellow pencil도 이와 같다.

at **work**.

관사를 사용하지 않는 특별한 경우로, 여기서 명사 work는 "나의 일터"를 의미하여, 정해진 명사로 단수 취급된다. 하지만, at work 또는 to work와 같이 관사 없이 사용한다. 이와 비슷한 경우로 bed (in bed, to bed), school (at school, in school, to school), town (in town, to town), breakfast/lunch/dinner(for breakfast/lunch/dinner), car/bicycle(by car/bicycle) 등이 있다.

The **moon**

글쓴이가 어느 달을 일컫고 있는지 알 수 있으므로 지시하는 바가 분명하다. 지구에서 볼 수 있는 달은 하나밖에 없기 때문에 moon 앞에 the를 사용한다.

was shining bright in the **sky**

위에 나온 moon처럼 글쓴이가 어떤 하늘을 말하고 있는지 상상할 수 있다. 이 문장의 목적은 위에 나온 it had been a long day처럼 sky를 소개하려는 데 있기보다, 독자가 더욱 실감나게 상상할 수 있도록 상황을 설명하는 것이므로 the를 사용한다.

and all was quiet. I had left the **pub**,

마을 내 일반적인 장소(the pub, the library, the bank 등)에 정관사를 사용하는 경우는 흔한데, 예전에는 작은 마을이나 이웃에 술집이나 도서관, 은행 등이 보통 하나씩 있었기 때문이다. 따라서 이웃이 I'm going to the bank라고 말한다면 어느 은행을 말하는지 짐작할 수 있다. 집안의 가구나 가전제품(the sofa, the refrigerator, the oven)의 경우도 이와 동일하게 정관사 the를 사용한다.

where I had a **burger** and a **drink**,

Indefinite + Countable +
Singular: a/an

여기에서는 약간의 변화를 주어 burger와 drink 앞에 부정관사 a/an을 사용하려 한다. 어느 버거이고 어느 음료인지 독자는 구체적으로 알지 못한다. 앞서 나온 pub과 달리, 맥락상 파악이 되지도 않는다. 그러므로 정관사냐 부정관사냐에 대한 기본 논리를 따라가야 한다. 지시하는 바가 구체적이지 않으며 셀 수 있고 단수이므로 a/an이 사용되었다.

and I decided to sit down and look at the **moon**

Definite + Countable +
Singular: the

앞서 보았듯이, 지구를 중심으로 도는 달을 지칭할 때에는 항상 the를 사용한다.

for while. I took **a seat**

Indefinite + Countable +
Singular: a/an

글쓴이의 관점에서 해당 장소에 앉을 곳이 많았고 그중에서 한 자리를 선택한 것이다. 이러한 정황이 지시하는 바가 구체적이지 않다는 느낌을 준다. 또한 좌석을 처음으로 언급하고 있으므로, 독자는 어느 자리인지 아직 알지 못한다. 또한 셀 수 있으며 단수이므로 a/an이 쓰인다.

on some **steps**

Indefinite + Countable +
Plural: Ø (no article)

위에 나온 a seat에 이어 계속해서 독자에게
해당 자리를 소개하고 있으므로 지시하는 바가
구체적이지 않다. 셀 수 있고 복수이므로 관사가
사용되지 않는다.

close to
the **water**

Definite + Uncountable: the

글쓴이는 이미 호수에 대해 알고 있고 the water가
호수를 일컫고 있다는 점이 분명하므로 정관사
the를 쓴다.

and looked up, feeling
myself start to relax. I started to
feel sleepy, so I closed my **eyes**

Definite + Countable +
Plural: the

소유 형용사 my로 지시하는 바가 분명하지만 the의
자리를 대신하므로 관사는 쓰지 않는다.

and quickly fell asleep.

비로소 알게 된 관사

Last ___ Friday, I was walking ___ home next to ___
Treeside Lake, when something strange happened to
me. It was late, and it had been ___ long day at ___ work.
___ moon was shining bright in ___ sky and all was
quiet. I had left ___ pub, where I had ___ burger and ___
drink, and I decided to sit down and look at ___ moon
for while. I took ___ seat on ___ some steps close to ___
water and looked up, feeling myself start to relax.
I started to feel sleepy, so I closed ___ my eyes and
quickly fell asleep.

The question is ...

When I woke, I saw that ___ clouds had moved in front of ___ moon, and it was dark and cold. I heard ___ wind blowing in ___ trees, and ___ bird was rustling in __ bushes behind me. I started to stand when I suddenly heard ___ splash in ___ water. Something was emerging from ___ water and moving toward me. I squinted ___ my eyes and looked closely. It was ___ slimy green hand attached to ___ long, bony arm. It was stretching out to grab ___ my leg. I froze, unable to move ___ my body. I had never felt so frightened.

The answer is ...

When I woke, I saw that <u>the</u> clouds had moved in front of <u>the</u> moon, and it was dark and cold. I heard <u>the</u> wind blowing in <u>the</u> trees, and <u>a</u> bird was rustling in <u>the</u> bushes behind me. I started to stand when I suddenly heard <u>a</u> splash in <u>the</u> water. Something was emerging from <u>the</u> water and moving toward me. I squinted Ø my eyes and looked closely. It was <u>a</u> slimy green hand attached to <u>a</u> long, bony arm. It was stretching out to grab Ø my leg. I froze, unable to move Ø my body. I had never felt so frightened.

When I woke, I saw that the clouds had moved in front of the moon, and it was dark and cold. I heard the wind blowing in the trees, and a bird was rustling in the bushes behind me. I started to stand when I suddenly heard a splash in the water. Something was emerging from the water and moving toward me. I squinted my eyes and looked closely. It was a slimy green hand attached to a long, bony arm. It was stretching out to grab my leg. I froze, unable to move my body. I had never felt so frightened.

잠에서 깨니, 구름이 달 앞으로 이동한 것이 보였고 주변은 어둡고 추웠다. 내 뒤에선 나무 사이로 부는 바람 소리, 수풀 속에서 바스락거리는 새 소리가 들렸다. 물에서 첨벙거리는 소리가 들렸을 때 난 일어섰다. 물에서 무언가가 솟아 내게로 향하고 있었다. 나는 눈을 가늘게 뜨고 그것을 자세하게 쳐다봤다. 그것은 기다랗고 뼈밖에 없는 팔에서 뻗어나온 끈적끈적한 초록색 손이었다. 그 손은 쭉 뻗어 내 다리를 잡으려 했다. 나는 얼어붙어서 몸을 움직일 수가 없었다. 이렇게나 섬뜩했던 적이 없었다.

When I woke, I saw that the **clouds**

Definite + Countable + Singular: the

상상을 유도할 때 글쓴이는 종종 정관사 the를 쓴다. 여기서는 구름이 달을 가리는 이미지가 쉽게 연상가능한 것이기에 정관사 the를 사용했다

had moved in front of the **moon**,

Definite + Countable + Singular: the

지구를 도는 달은 하나밖에 없기에 독자들은 무슨 달인지 쉽게 추측할 수 있다. 지시하는 바가 분명하므로 the가 쓰인다.

and it was dark and cold. I heard the **wind**

Definite + Uncountable: the

어떤 바람이냐고 물으면 글쓴이가 있었던 그 순간에 불었던 바람이라고 추측할 수 있다. 이것은 이야기에서 흔히 볼 수 있는 경우이다. 독자들이 구체적으로 상상할 수 있기 때문에 정관사 the가 쓰인다.

blowing in the **trees**,

Definite + Countable + Plural: the

위에 나온 wind와 clouds와 비슷하게, 독자는 언급되고 있는 나무를 상상할 수 있다. 지시하는 바가 분명하므로 the가 쓰인다.

and a **bird**

Indefinite + Countable +
Singular: a/an

the clouds, the wind, the trees와 다르게,
이 새는 배경의 일부 정도가 아니다. 이 새는
the clouds, the trees처럼 복수도 아니고
the wind처럼 셀 수 없는 명사도 아니면서 한 개의
사물이라는 점에서 배경에서 두드러져보인다.
이를 위해 글쓴이는 이야기에서 새로운 명사를
소개할 때 쓰는 부정관사 a(an)을 사용했다.
지시하는 바가 분명하고 셀 수 있고 단수이므로
a/an이 쓰인다.

was
rustling in the **bushes**

Definite + Countable +
Plural: the

위에 나온 trees와 비슷하게 이 덤불은 상황 속
배경의 일부이다. 이를 근거로 독자들이 덤불을 더
쉽게 그려낼 수 있으므로 정관사 the를 쓴다.

behind
me. I started to stand when
I suddenly heard a **splash**

Indefinite + Countable +
Singular: a/an

해당 명사는 위에 나왔던 배경을 묘사한 명사들과
달리 이야기에서 새롭고 중요한 부분이다. 글쓴이는
새로운 무언가를 소개시키고자 했다. 지시하는
바가 구체적이지 않으며 셀 수 있고 단수이므로
a/an이 쓰인다.

in the
water. Something was emerging from the **water**

Definite + Uncountable: the

독자는 주인공이 호수 옆에 있다는 것을 알고 있기 때문에 어느 호수를 가리키는지 쉽게 추론할 수 있다.

and moving
toward me. I squinted my **eyes**

Definite + Countable +
Plural: the

my가 독자에게 누구의 눈인지 알려주기에 지시하는 바가 분명하다. 하지만 the의 자리를 대신하므로 관사는 쓰지 않는다.

and looked closely. It was a slimy green **hand**

Indefinite + Countable +
Singular: a/an

글쓴이가 새로운 무언가를 이야기에 소개시키고 있는 순간이다. 이것이 부정관사 a(an)이 사용된 이유다. 여기서 보이는 형용사(slimy, green)는 정해지지 않은 명사와 훨씬 자주 쓰인다. 지시하는 바가 구체적이지 않고 셀 수 있고 단수이므로 a/an이 쓰인다.

모든 관사를 설명합니다

attached to a long, bony **arm**.

Indefinite + Countable + Singular: a/an

위에 나온 hand처럼 이야기에 처음 소개되고 있으며 형용사(long, bony)의 일반적인 설명을 받고 있는 것을 통해, 지시하는 바가 구체적이지 않음을 알 수 있다. 셀 수 있고 단수이므로 a/an이 쓰인다.

It was stretching out to grab my **leg**.

Definite + Countable + Singular: the

위에 나온 my eyes처럼 my는 지시하는 바를 분명하게 만들며 the의 자리를 대신하기 때문에 관사가 사용되지 않는다.

I froze, unable to move my **body**.

Definite + Countable + Singular: the

my eyes와 my legs처럼 my는 지시하는 바를 분명하게 만들며 the의 자리를 대신하기 때문에 관사가 필요하지 않다.

I had never felt so frightened.

비로소 알게 된 관사

When I woke, I saw that ___ clouds had moved in front of ___ moon, and it was dark and cold. I heard ___ wind blowing in ___ trees, and ___ bird was rustling in __ bushes behind me. I started to stand when I suddenly heard ___ splash in ___ water. Something was emerging from ___ water and moving toward me. I squinted ___ my eyes and looked closely. It was ___ slimy green hand attached to ___ long, bony arm. It was stretching out to grab ___ my leg. I froze, unable to move ___ my body. I had never felt so frightened.

Unit 3   Mystery Story 3

The question is ...

___ hand moved closer and closer when suddenly I saw ___ flash of ___ red light and ___ thumping noise behind me. Out of ___ corner of ___ my eye, I saw ___ figure jump onto ___ stairs next to me. It was ___ man with ___ long thin legs and ___ dark grey coat. He had ___ crazy look in ___ his eyes. He shouted, "Stand back!" and jumped toward ___ water. He spun around in ___ circle and pointed something at ___ creature in ___ water. There was ___ another flash of ___ red light. ___ monster shrieked and sunk back into ___ water.

The answer is ...

<u>The</u> hand moved closer and closer when suddenly I saw <u>a</u> flash of Ø red light and <u>a</u> thumping noise behind me. Out of <u>the</u> corner of Ø my eye, I saw <u>a</u> figure jump onto <u>the</u> stairs next to me. It was <u>a</u> man with Ø long thin legs and <u>a</u> dark grey coat. He had <u>a</u> crazy look in Ø his eyes. He shouted, "Stand back!" and jumped toward <u>the</u> water. He spun around in <u>a</u> circle and pointed something at <u>the</u> creature in <u>the</u> water. There was Ø another flash of Ø red light. <u>The</u> monster shrieked and sunk back into <u>the</u> water.

The hand moved closer and closer when suddenly I saw a flash of red light and a thumping noise behind me. Out of the corner of my eye, I saw a figure jump onto the stairs next to me. It was a man with long thin legs and a dark grey coat. He had a crazy look in his eyes. He shouted, "Stand back!" and jumped toward the water. He spun around in a circle and pointed something at the creature in the water. There was another flash of red light. The monster shrieked and sunk back into the water.

그 손이 점점 가까이 왔을 때쯤 갑자기 빨간 빛의 플래쉬와 함께 뒤에서 쿵 소리가 들렸다. 나는 곁눈질로 한 사람이 내 옆의 계단으로 뛰어 오르는 것을 보았다. 그 남자는 마르고 긴 다리에 진회색 코트를 입은 사람이었다. 그의 눈에는 광기가 맴돌았다. 그는 "물러서!"라고 소리치며 물가로 뛰어갔다. 그는 원을 그리며 돌면서 물 속에 있는 생명체를 가리켰다. 빨간 빛의 플래쉬가 한 번 더 일었다. 몬스터는 비명을 지르며 물 속으로 다시 가라앉았다.

The **hand**

Definite + Countable +
Singular: the

독자는 앞선 이야기에서 이미 손에 대해 알고 있기 때문에 지시하는 바를 분명하게 만들어 정관사 the를 사용한다.

moved closer and closer when suddenly I saw a **flash**

Indefinite + Countable +
Singular: a/an

이 불빛은 이야기의 새로운 요소로 소개되고 있다. 지시하는 바가 구체적이지 않으며 셀 수 있고 단수이므로 a/an이 쓰인다.

# of red **light**

Indefinite + Uncountable: Ø
(no article)

여기서 flash는 red light의 양을 수량화하는 방법으로 쓰였다. 이것은 a bottle of water, a basket of apples, a lot of energy와 같은 of 구에서 자주 볼 수 있다. 이러한 수량 표현에서 of 뒤에 오는 명사는 항상 정해지지 않은 명사다. 지시하는 바가 구체적이지 않고 셀 수 없으므로 관사를 쓰지 않는다.

and a thumping

noise

Indefinite + Countable +
Singular: a/an

위에 나온 flash처럼 이 명사는 독자들에게
새롭게 소개되고 있으므로 지시하는 바가
구체적이지 않다. 또한 셀 수 있고 단수이므로
a/an이 쓰인다.

behind me. Out of the

corner

Definite + Countable +
Singular: the

of my eye 구는 독자에게 어떤 corner에 대해
얘기되고 있는지 알려준다. the top of the
mountain(산 정상), the national anthem of
Italy(이탈리아 국가)처럼 사용되는 of 구를 자주
볼 수 있다.

# of my **eye,**

Definite + Countable +
Singular: the

소유 형용사 my로 지시하는 바가 분명하지만 the의
자리를 대신하므로 관사는 쓰지 않는다.

I saw a **figure**

Indefinite + Countable +
Singular: a/an

이 인물이 독자에게 처음으로 소개되고 있기
때문에 지시하는 바가 구체적이지 않다. 셀 수 있고
단수이므로 a/an이 쓰인다.

jump onto the **stairs**

Definite + Countable +
Plural: the

next to me라는 구가 독자에게 어떤 계단인지
알려주고 있다. 위에서 나온 of my eye처럼 next to
me는 전치사구로 명사를 규정하곤 한다. the chair
in the corner(구석에 있는 의자), the monster in
the closet(옷장 속에 있는 몬스터)도 그와 같다.

next to me.
It was a **man**

Indefinite + Countable +
Singular: a/an

글쓴이가 이 남자를 처음으로 소개하고 있기 때문에
지시하는 바가 구체적이지 않다. 명사가 be 동사
뒤에 왔다는 점에 주목하자. be 동사는 종종 새로운
명사를 이야기 혹은 대화에 소개하는 데 쓰인다.
예를 들어, It was a green car(그것은 초록색
자동차였다), I had a green car(나는 초록색
자동차를 갖고 있었다)도 그와 같다. 또한 셀 수 있고
단수이므로 a/an이 쓰인다.

with long
thin **legs**

Indefinite + Countable +
Plural: Ø (no article)

남자를 설명하면서 다리를 처음으로 언급했기 때문에
지시하는 바가 구체적이지 않다. 이 명사를 설명하고
있는 형용사(long, thin)에도 주목해보자. 형용사는
대개 정해지지 않은 명사와 함께 쓰인다는 점에서 또
다른 근거가 된다. 지시하는 바가 구체적이지 않으며
셀 수 있고 복수이므로 관사가 사용되지 않는다.

and a dark grey **coat.**

Indefinite + Countable +
Singular: a/an

위에 나온 legs와 같이 이 코트가 처음 소개되었을
뿐 아니라 명사를 설명하고 있는 형용사가 있다는
점에서, 지시하는 바가 구체적이지 않다는 점을
보여준다. 셀 수 있고 단수이므로 a/an이 쓰인다.

He
had a crazy **look**

Indefinite + Countable +
Singular: a/an

셀 수 있고 단수이므로 부정관사 a/an이 쓰인다.
글쓴이가 이 남자의 인상에 대해 처음으로
소개하고 있기 때문에 지시하는 바가 구체적이지
않다. 동사 have가 쓰였는데, 이는 새로운 명사를
소개할 때 종종 쓰인다.

in his **eyes.**

Definite + Countable +
Plural: the

his가 독자에게 구체적으로 알려주고 있으므로
지시하는 바가 분명하다. his가 소유 형용사이므로
위에 나온 my eyes처럼 the의 자리를 대신한다.

He shouted, "Stand back!" and
jumped toward the **water.**

Indefinite + Uncountable: the

위에서 보았듯이 독자는 어느 물인지 알고 있기
때문에 지시하는 바가 구체적이므로 the가 쓰인다.

He spun around in a **circle**

Indefinite + Countable + Singular: a/an

이 남자의 움직임이 특정한 원이 아니라 어떠한 모양이든 상관 없는 원이기 때문에 지시하는 바가 구체적이지 않다. The house is in the shape of a box(이 집은 박스 모양이다)의 경우 특정 박스의 형태를 지시하는 것이 아닌 경우와 같다. 또한 셀 수 있고 단수이므로 a/an이 쓰인다.

and pointed something at the **creature**

Definite + Countable + Singular: the

creature라는 단어가 언급된 적은 없어도, 독자는 어떤 생명체를 말하고 있는지 알고 있다. 만약 글쓴이가 a creature라고 적었다면 독자는 또 다른 생명체가 소개되고 있는 것이라고 생각할 수 있다. 정황상 어떤 생명체인지 독자가 알고 있으므로 정관사 the가 쓰인다.

in the **water.**

Definite + Uncountable: the

위에서 보았듯이, 독자가 어느 물인지 알고 있기에 지시하는 바가 분명하므로 정관사 the가 쓰인다.

There was another **flash**

Indefinite + Countable +
Singular: a/an

글쓴이가 이야기에서 두 번째로 나오는 flash를
소개하고 있기 때문에 지시하는 바가 구체적이지
않다. There is/was 구문 역시 새로운 명사를
소개하면서 지시하는 바가 구체적이지 않다는
강력한 암시를 주고 있다. 셀 수 있고 단수이므로
other에 an이 결합한 another가 쓰이는 것을
볼 수 있다.

# of red **light.**

Indefinite + Uncountable: Ø
(no article)

앞에서 보았듯이 flash는 빛을 수량화하는 데
사용되었다. of와 함께 사용된 수량화 표현에서 a
lot of water, the basket of fruit처럼 of 뒤에는
단수 명사를 사용한다.

The monster

Definite + Countable +
Singular: the

글쓴이가 어떤 몬스터인지 알고 있기 때문에
지시하는 바가 분명하다. 앞에 나온 the
creature처럼 monster이라는 단어가 맥락상
소개된 적이 없다 할지라도 독자는 이것을 the
creature와 동일한 것이라고 추측할 수 있다.

shrieked and sunk back into the **water.**

| Definite + Uncountable: the | 위에서 보았듯이, 독자가 어떤 물인지 알고 있기에 정관사 the를 쓴다. |

비로소 알게 된 관사

___ hand moved closer and closer when suddenly
I saw ___ flash of ___ red light and ___ thumping noise
behind me. Out of ___ corner of ___ my eye, I saw
___ figure jump onto ___ stairs next to me. It was ___
man with ___ long thin legs and ___ dark grey coat. He
had ___ crazy look in ___ his eyes. He shouted, "Stand
back!" and jumped toward ___ water. He spun around
in ___ circle and pointed something at ___ creature in __
water. There was ___ another flash of ___ red light. ___
monster shrieked and sunk back into ___ water.

The question is ...

___ man turned around and I looked at him. ___
aggression was gone from ___ his face, and I saw
that he was very old, and perhaps a little kind. "Don't
fall asleep next to ___ river at ___ night. That was not ___
only monster that lives in ___ these waters," he said.
"Who...are you?" I asked. "Most people call me... ___
Professor," he replied. Before I could think of something
to say, he spoke again. "Watch out for ___ full moon,
and keep ___ your eyes open." I closed ___ my eyes
as ___ flash of red light filled ___ my vision. When I
opened them again, ___ Professor was gone.

The answer is ...

<u>The</u> man turned around and I looked at him. <u>The</u>
aggression was gone from <u>Ø</u> his face, and I saw
that he was very old, and perhaps a little kind. "Don't
fall asleep next to <u>the</u> river at <u>Ø</u> night. That was not <u>the</u>
only monster that lives in <u>Ø</u> these waters," he said.
"Who...are you?" I asked. "Most people call me... <u>The</u>
Professor," he replied. Before I could think of something
to say, he spoke again. "Watch out for <u>the</u> full moon,
and keep <u>Ø</u> your eyes open." I closed <u>Ø</u> my eyes
as <u>a</u> flash of red light filled <u>Ø</u> my vision. When I
opened them again, <u>the</u> Professor was gone.

The man turned around and I looked at him. The aggression was gone from his face, and I saw that he was very old, and perhaps a little kind. "Don't fall asleep next to the river at night. That was not the only monster that lives in these waters," he said. "Who...are you?" I asked. "Most people call me...the Professor," he replied. Before I could think of something to say, he spoke again. "Watch out for the full moon, and keep your eyes open." I closed my eyes as a flash of red light filled my vision. When I opened them again, the Professor was gone.

그 남자는 몸을 돌렸고 나는 그를 쳐다보았다. 남자의 얼굴에서 공격성이 사라졌고 그는 꽤 늙고 어쩌면 조금 상냥하기까지 하다는 점을 알 수 있었다. "밤에는 강가에서 잠들지 마시오. 이 물가에 사는 괴물이 저것 하나만은 아니라오."라고 그가 말했다. "당신은... 누구신가요?"라고 내가 물었다. "많은 사람들은 나를... 교수(Professor)라고 부른다네."라고 그가 답했다. 내가 무언가 말할 거리를 생각하기 전에 그가 다시 말했다. "보름달을 조심하고 언제나 경계심을 늦추지 마시오." 빨간 불빛이 눈앞을 가려 나는 눈을 감았다. 다시 눈을 떴을 때, 그 교수(Professor)는 사라지고 없었다.

The **man**

Definite + Countable +
Singular: the

앞의 내용과 이어져 어떤 남자를 말하고 있는지
지시하는 바가 분명하므로 정관사 the를 쓴다.

turned around and
I looked at him. The **aggression**

Definite + Uncountable: the

앞에서 우리는 그 남자의 눈에 광기가
서려있었다는 묘사를 보았다. 따라서 글쓴이가
공격성(aggression)에 대해 말하면 어떤
공격성에 대한 것인지 알 수 있으므로 정관사 the를
사용한다.

was gone from his **face,**

Definite + Countable +
Singular: the

소유 형용사 his로 지시하는 바가 분명하지만 the의
자리를 대신하므로 관사는 쓰지 않는다.

and
I saw that he was very old, and
perhaps a little kind. "Don't
fall asleep next to the **river**

Definite + Countable +
Singular: the

앞의 내용을 통해 독자는 어느 호수를 일컫고 있는
알고 있으므로 정관사 the를 쓴다.

at night.

night이라는 단어는 the night before Christmas(크리스마스 전날 밤)나 one night in February(2월의 어느 밤)처럼 보통 명사가 될 수도 있다. 하지만 at night과 같은 부사구에서는 the가 사용되지 않는다. in the morning, in the afternoon, in the evening과 같은 기타 시간 표현과는 대조적인 경우이다.

That was not the only monster

Definite + Countable + Singular: the

only는 항상 명사를 규정한다는 의미에서 매우 특별한 형용사다. only가 지시하는 것 외에 다른 것은 없다는 뜻을 지니므로 항상 독자/듣는이에게 어떤 것인지 알려주는 것이다. 예를 들어, I have the only green car in town(나는 이 마을에 단 한 대뿐인 초록색 차를 갖고 있다)를 보자. 초록색 차가 단 한 대밖에 없다는 뜻이기 때문에 이것은 지시하는 바가 구체적이다. 여기서 나온 표현은 반대의 의미를 갖고 있기 때문에(NOT the only monster) 의아할 수는 있지만 only가 지시하는 바가 분명하므로 the를 쓴다.

that lives in these **waters**,"

These는 지시 형용사(this, that, these, those)로 지시하는 바를 분명히 만들어 the를 대신한다. 일반적으로 water는 셀 수 없지만, 경우에 따라 복수(waters)로 사용되기도 한다.

he said. "Who…are you?" I asked. "Most people call me…the **Professor**,"

Exception

이것은 꽤 독특한 용법인데, The Professor가 일종의 슈퍼히어로 이름이기 때문이다. 슈퍼 히어로의 이름에는 the가 사용되는 경우(The Hulk, The Flash)도 있고 그렇지 않은 경우(Superman, Wonder Woman)도 있다.

he replied. Before I could think of something to say, he spoke again. "Watch out for the full **moon**,

Definite + Countable + Singular: the

보통 a green pen, a tall woman와 같이 명사 앞에 오는 형용사는 명사를 정해진 명사로 만들지 못하지만 the full moon은 달의 모양을 정확히 지칭할 수 있으므로 the를 쓴다.

and keep your **eyes**

Definite + Countable +
Plural: the

앞서 his face에서 보았듯이, your는 소유
형용사(my, your, his, her, our, their, Charlie's
등)로 명사 앞에서 the의 자리를 대신한다.

open."
I closed my **eyes**

Definite + Countable +
Plural: the

위의 your eyes처럼 my는 지시하는 바를 분명히
만들며 the의 자리를 대신하는 소유 형용사다.

as a **flash**

Indefinite + Countable +
Singular: a/an

독자가 어떤 빛인지 모르므로 지시하는 바가
구체적이지 않다. 이야기나 대화 속에서 새로운
소재를 소개할 때 정해지지 않은 명사를 사용하는
것과 같은 맥락이다. 또한 셀 수 있고 단수이므로
a/an이 쓰인다.

of
red light filled my **vision.**

Definite + Uncountable: the

위에 나온 your eyes와 my eyes처럼 my는
지시하는 바를 분명히 하여 the의 자리를 대신하는
소유 형용사다.

When I opened them again,
the **Professor**

Exception

위에서 보았듯이, 모든 슈퍼 히어로의 이름이 그런 것은 아니지만 슈퍼히어로 Professor의 이름에는 the를 썼다.

was gone.

비로소 알게 된 관사

___ man turned around and I looked at him. ___
aggression was gone from ___ his face, and I saw
that he was very old, and perhaps a little kind. "Don't
fall asleep next to ___ river at ___ night. That was not ___
only monster that lives in ___ these waters," he said.
"Who...are you?" I asked. "Most people call me... ___
Professor," he replied. Before I could think of something
to say, he spoke again. "Watch out for ___ full moon,
and keep ___ your eyes open." I closed ___ my eyes
as ___ flash of red light filled ___ my vision. When I
opened them again, ___ Professor was gone.

Unit 5   The Peanuts

The question is ...

When I shut ___ my eyes and imagine ___ places I love most, ___ dentist's office does not make ___ list. But how could I know that ___ peanut could do ___ this kind of ___ damage to ___ tooth?

 ___ dentist puts ___ his hand on ___ my shoulder as he injects ___ needle into ___ my gums. I curl ___ my toes and grit ___ my teeth, digging ___ my nails into ___ chair and try to fight through ___ pain. I've never been good with ___ pain.

 I think of all ___ peanuts I've eaten. And I think of all ___ peanuts I will never eat again.

The answer is ...

When I shut Ø my eyes and imagine the places I love most, the dentist's office does not make the list. But how could I know that a peanut could do Ø this kind of Ø damage to a tooth?

The dentist puts Ø his hand on Ø my shoulder as he injects the needle into Ø my gums. I curl Ø my toes and grit Ø my teeth, digging Ø my nails into the chair and try to fight through the pain. I've never been good with Ø pain.

I think of all the peanuts I've eaten. And I think of all the peanuts I will never eat again.

When I shut my eyes and imagine the places I love most, the dentist's office does not make the list. But how could I know that a peanut could do this kind of damage to a tooth?

The dentist puts his hand on my shoulder as he injects the needle into my gums. I curl my toes and grit my teeth, digging my nails into the chair and try to fight through the pain. I've never been good with pain.

I think of all the peanuts I've eaten. And I think of all the peanuts I will never eat again.

눈을 감고 정말 좋아하는 장소를 상상한다고 했을
때 치과는 해당하지 않는다. 그런데 땅콩이 내
치아에 이런 악영향을 미칠 줄 어떻게 알았을까?

치과 의사는 내 잇몸에 주사 바늘을 꽂으면서
내 어깨에 손을 올린다. 나는 발가락을 오므리고
이를 악물며 손톱으로 의자를 파면서 고통을
이겨내기 위해 노력한다. 그런 괴로움에는 참으로
익숙해지지 않는다.

그동안 내가 먹었던 모든 땅콩을 떠올린다.
그리고 다시는 그 어떤 땅콩도 먹지 않겠다고
생각한다.

When I shut my **eyes**

Definite + Countable +
Plural: the

소유 형용사 my로 지시하는 바가 분명하지만 the의
자리를 대신하므로 관사는 쓰지 않는다.

and
imagine the **places**

Definite + Countable +
Plural: the

(that) I love most라는 절이 독자에게 장소를
구체적으로 알려주기 때문에 지시하는 바가
분명하다. 형용사절은 명사 뒤에서 명사를 규정하는
데 쓰인다. the man (whom) I met(내가 만난 그
남자), the coffee (that) I drank(내가 마신 커피)도
그와 같은 경우이다. 지시하는 바가 분명하므로
the가 필요하다.

I love most,
the dentist's **office**

Definite + Countable +
Singular: the

치과가 언급된 것은 처음이다. 하지만 특별히
이야기를 할 때 정해진 명사로 쓰이는 특정 장소들이
있다. 대부분의 치과는 기본적으로 비슷하다.
사람들에게 치과의 모습을 상상해보라고 하면
기본적으로 같은 장면을 상상할 것이다. 여기서
the dentist's office를 사용함으로써 글쓴이는
독자들이 이 장면을 상상하도록 만들고 있다.

이는 the park, the swimming pool, the bank 등에서도 자주 쓰인다.

does not make the list.

Definite + Countable + Singular: the

문맥상 독자는 글쓴이가 the list of the places he/she loves most를 일컫고 있다는 것을 알 수 있다. 지칭하는 바가 분명하므로 정관사 the를 쓴다. I bought my mother a birthday card. The inscription made her cry(엄마께 생신 축하 카드를 드렸다. 쓰인 글귀에 어머니는 눈물을 흘리셨다)와 같은 문장도 카드에 쓰인 글귀라는 것이 무엇을 뜻하는지 알 수 있으므로 the inscription에서 정관사 the를 쓰는 경우와 같다.

But how could I know that a peanut

Indefinite + Countable + Singular: a/an

일반적인 사실을 설명하기 위해서 글쓴이는 명사를 구체적이지 않은 명사로 바꾸었다. 그 사실이란 이런 것이 될 것이다: A peanut can damage a tooth(땅콩은 치아를 상하게 할 수 있다). 어떤 일반적인 사실을 언급할 때 우리는 부정관사를 사용한다. 지시하는 바가 구체적이지 않으며 셀 수 있고 단수이므로 a/an이 쓰인다.

could do this **kind**

Definite + Countable +
Singular: the

지시하는 바가 구체적이므로 this가 the 대신에
사용된 것이다. of damage라는 구가 대상의
종류를 알려준다. 이것은 the birthday of
my mother(어머니 생신), the causes of
unemployment(실업의 원인)에서 종종 볼 수
있다. this와 같은 지시 형용사(this, that, these,
those)는 항상 the의 위치를 대신한다.

of **damage**

Indefinite + Uncountable: Ø
(no article)

damage는 kind of damage의 일부로, 글쓴이는
어느 특정한 '악영향(damage)'을 언급하기보다
어느 특정한 '종류(kind)'에 대해 언급하고 있다.
즉, kind는 정해진 데 반해 damage는 지시하는
바가 구체적이지 않다. 또한 셀 수 없는 명사이므로
관사가 필요 없다.

to a **tooth**?

Indefinite + Countable +
Singular: a/an

위에 나온 a peanut처럼 이 부분은 일반적인
사실에 대해 얘기하는 부분이므로 구체적이지 않은
명사가 쓰인다. 해당 명사가 구체적이지 않으며 셀
수 있고 단수이므로 a/an이 쓰인다.

The **dentist**

Definite + Countable +
Singular: the

문맥상 독자는 여기서 어떤 치과의사가 언급되고 있는지 상상할 수 있다. 스토리텔링에서 매우 흔하게 일어나지만 다른 종류의 글에는 적용되지 않는다. 스토리텔링이란 글쓴이가 그림을 그리는 것과 같이 구체적인 명사를 사용해 독자들이 상상하도록 만든다. 해당 치과의사에 대해 이전에 언급된 적이 없다 할지라도 치과의사의 모습을 머릿속으로 상상할 수 있다.

puts his **hand**

Definite + Countable +
Singular: the

소유 형용사 his로 지시하는 바가 분명하지만 the의 자리를 대신하므로 관사는 쓰지 않는다.

on

my **shoulder**

Definite + Countable +
Singular: the

소유 형용사 my로 지시하는 바가 분명하지만 the의 자리를 대신하므로 관사는 쓰지 않는다.

as he injects the **needle**

Definite + Countable + Singular: the

위에 나온 the dentist처럼 주삿바늘에 대해 이전에 언급된 적이 없었음에도 불구하고 글쓴이는 여기서 정관사 the를 사용한다. 시각적인 맥락이 있기 때문에 독자는 쉽게 상상할 수 있다.

into my **gums**.

Definite + Countable + Plural: the

my가 누구의 잇몸인지 알려주기 때문에 지시하는 바가 분명하다. 하지만 소유 형용사 my가 the의 자리를 대신하므로 정관사 the는 쓰지 않는다.

I curl my **toes**

Definite + Countable + Plural: the

my가 독자에게 누구의 발가락인지 말해주고 있으므로 지시하는 바가 분명하다. 하지만 소유 형용사 my가 the의 자리를 대신하므로 정관사 the는 쓰지 않는다.

and grit my **teeth**,

Definite + Countable + Plural: the

my가 누구의 치아인지 알려주고 있으므로 지시하는 바가 분명하다. 하지만 소유 형용사 my가 the의 자리를 대신하므로 정관사 the는 쓰지 않는다.

digging

my **nails**

Definite + Countable +
Plural: the

my가 누구의 손톱인지 알려주고 있으므로
지시하는 바가 분명하다. 하지만 소유 형용사 my가
the의 자리를 대신하므로 정관사 the는 쓰지
않는다.

into the **chair**

Definite + Countable +
Singular: the

위에 나온 the dentist와 the needle처럼 동일한
시각적 문맥으로 우리는 the chair을 상상할 수
있다. 따라서 글쓴이는 정관사 the를 사용했다.

and try to
fight through the **pain.**

Definite + Uncountable: the

독자는 어떤 고통을 말하는지 문맥상 알고 있으므로
정관사 the를 쓴다.

I've never
been good with **pain.**

Indefinite + Uncountable: Ø
(no article)

여기서는 특정한 고통이 아니라 일반적인 고통과
관련된 사실을 보여주기 위해 표현을 바꾸었다. 해당
명사는 구체적이지 않으며 셀 수 없으므로 관사가
사용되지 않는다.

I think of all the **peanuts**

Definite + Countable + Plural: the

어떤 땅콩들인지 알려주는 (that) I've eaten이라는 형용사절이 있다. 위에 나온 the places와 비슷하다. 지시하는 바가 분명하므로 the가 쓰인다.

I've eaten. And I think of all the **peanuts**

Definite + Countable + Plural: the

위에 나온 the peanuts와 같이 형용사절인 (that) I will never eat again로 지시하는 바가 분명하므로 정관사 the를 쓴다.

I will never eat again.

비로소 알게 된 관사

When I shut ___ my eyes and imagine ___ places I love most, ___ dentist's office does not make ___ list. But how could I know that ___ peanut could do ___ this kind of ___ damage to ___ tooth?

___ dentist puts ___ his hand on ___ my shoulder as he injects ___ needle into ___ my gums. I curl ___ my toes and grit my teeth, digging ___ my nails into ___ chair and try to fight through ___ pain. I've never been good with ___ pain.

I think of all ___ peanuts I've eaten. And I think of all ___ peanuts I will never eat again.

Chapter

5

News

Chapter 5 - News

The question is ...

In ___ recent news, ___ dam collapsed in ___ small village in ___ remote area of ___ Laos. ___ dam was part of ___ hydroelectric power plant being built in ___ area.

___ One week earlier, ___ construction site had sunk ___ 11 centimeters into ___ ground. Unfortunately, ___ this dangerous sign did not result in ___ evacuation of ___ area.

___ collapse of ___ dam released ___ 5 billion cubic meters of ___ water into ___ a number of ___ villages nearby, causing ___ 6,000 people to lose ___ their homes. ___ company in charge of building ___ dam is currently assisting ___ local authorities with ___ rescue efforts.

The answer is ...

In Ø recent news, a dam collapsed in a small village in a remote area of Ø Laos. The dam was part of a hydroelectric power plant being built in the area. Ø One week earlier, the construction site had sunk Ø 11 centimeters into the ground. Unfortunately, Ø this dangerous sign did not result in an evacuation of the area.

The collapse of the dam released Ø 5 billion cubic meters of Ø water into Ø a number of Ø villages nearby, causing Ø 6,000 people to lose Ø their homes. The company in charge of building the dam is currently assisting Ø local authorities with the rescue efforts.

In recent news, a dam collapsed in a small village in a remote area of Laos. The dam was part of a hydroelectric power plant being built in the area. One week earlier, the construction site had sunk 11 centimeters into the ground. Unfortunately, this dangerous sign did not result in an evacuation of the area.

The collapse of the dam released 5 billion cubic meters of water into a number of villages nearby, causing 6,000 people to lose their homes. The company in charge of building the dam is currently assisting local authorities with the rescue efforts.

최근 기사에 따르면, 라오스 외딴 지역에 있는 작은 마을에서 댐이 붕괴되었다. 그 댐은 그 지역에 건설 중인 수력 발전소의 일부였다. 1주 전에는 공사 현장이 11㎝ 아래로 가라앉았다. 불행히도 이러한 위험 신호로도 그 지역은 대피하지 않았다.

　댐 붕괴로 50억 ㎥의 물이 근처 마을로 방출되어 6,000명의 사람들이 집을 잃었다. 댐 시공사는 현재 지방정부와 함께 구조 작업을 돕고 있다.

In recent **news,**

Indefinite + Uncountable: Ø
(no article)

글쓴이가 특정 그룹의 뉴스 기사를 언급하고 있는 것이 아니기 때문에 지시하는 바가 구체적이지 않다. 형용사 recent는 뉴스의 종류를 설명할 뿐이다. 지시하는 바가 구체적이지 않으며 셀 수 없으므로 관사가 필요 없다.

a **dam**

Indefinite + Countable +
Singular: a/an

글쓴이가 댐에 대해 처음으로 언급하고 있다. 이 시점에서 독자는 아직 어떤 댐을 말하는지 알지 못하므로 지시하는 바가 구체적이지 않다. 또한 셀 수 있고 단수이므로 a/an이 쓰인다.

collapsed
in a small **village**

Indefinite + Countable +
Singular: a/an

위에 나온 dam처럼 이 마을이 처음으로 언급되었기 때문에 지시하는 바가 구체적이지 않다. 또한 셀 수 있고 단수이므로 a/an이 쓰인다.

in a remote area

Indefinite + Countable +
Singular: a/an

정확히 어느 지역을 언급하고 있는지 독자가 알지
못한다. of Laos라는 구는 일반적인 장소를 알려줄
뿐이며 라오스에는 외딴 지역이 매우 많을 것이므로
이 구로 명사를 완전하게 규정하기에는 부족하다.
지시하는 바가 구체적이지 않으며 셀 수 있고
단수이므로 a/an이 쓰인다.

of **Laos.**

Exception

국가명과 같은 고유명사 앞에는 보통 관사를 쓰지
않는다.

The **dam**

Definite + Countable +
Singular: the

앞서 언급되었기 때문에 독자는 이 댐이 어떤
댐인지 알고 있다. 지시하는 바가 분명하므로 정관사
the가 쓰인다.

was part of a hydroelectric **power plant**

Indefinite + Countable +
Singular: a/an

발전소는 처음 언급되었고, hydroelectric이라는
형용사는 독자에게 발전소의 종류를 말해줄 뿐이다.
지시하는 바가 구체적이지 않으며 셀 수 있고
단수이므로 a/an이 쓰인다.

being built in the **area.**

Definite + Countable +
Singular: the

어느 지역인지 앞서 언급되었기 때문에 지시하는
바가 구체적이므로 the가 쓰인다.

One **week**

Indefinite + Countable +
Singular: a/an

글쓴이가 처음으로 언급하고 있기 때문에 지시하는
바가 구체적이지 않다. earlier가 일정 부분 정보를
전달하지만 One week earlier(일주일 전)이라는
시간 표현의 일부일 뿐이다. 이러한 유형의 시간
표현에서는 several weeks ago, two days
later, a year ago 등과 같이 부정관사를 사용한다.
week가 단수이므로, a/an이 보통 사용되지만
one이라는 수량 표현이 관사의 자리를 대신하였다.

earlier, the construction **site**

Definite + Countable +
Singular: the

앞서 글쓴이는 발전소를 짓고 있다는 것을 언급했다.
맥락상 독자는 어느 공사 현장인지 알 수 있으므로
the를 쓴다

had sunk 11 **centimeters**

Indefinite + Countable +
Plural: Ø (no article)

글쓴이가 centimeters를 처음 언급했다. 새로운
정보를 독자에게 소개하고 있으므로, 지시하는
바가 구체적이지 않다. 또한 셀 수 있고 복수이므로
관사가 필요 없다.

into
the **ground.**

단어 ground는 언제나 단수이며 지칭하는 바가
분명하다는 점에서 흥미로운 명사다. the
moon, the sky, the sun과 비슷하게 지표면인
ground 역시 세상에 하나뿐이다. 이처럼 하나밖에
없는 명사는 언제나 지시하는 바가 분명하므로
the를 쓴다.

Unfortunately, this
dangerous **sign**

Definite + Countable +
Singular: the

sign이 공사장의 함몰을 지칭하기 때문에 지시하는
바가 분명하다. 또한 지칭하는 바를 좀 더 분명히
하기 위해 this를 사용했다. 지시 형용사 this는 항상
명사 앞에서 the의 자리를 대신한다.

did not result in
an **evacuation**

Indefinite + Countable +
Singular: a/an

글쓴이는 대피가 일어나지 않았다는 설명을 하고
있다. 실존하지 않을 때의 명사는 언제나 구체적이지
않은 명사다. 또한 대피가 아직 언급된 적이
없으므로 지시하는 바가 구체적이지 않다. 또한 셀 수
있으며 단수이므로 a/an을 쓴다.

of the **area.**

앞선 언급으로 독자는 이 지역이 어느 지역인지
안다. 지시하는 바가 분명하므로 the를 쓴다.

The **collapse**

Definite + Countable +
Singular: the

앞서 붕괴에 대해 언급을 했었고, of the dam이라는
구로 수식을 더하므로 지시하는 바가 분명하여
the를 쓴다.

of the **dam**

Definite + Countable +
Singular: the

어떤 댐인지 독자가 알기 때문에 지칭하는 바가
분명하여 정관사 the를 쓴다.

released 5 billion cubic **meters**

Indefinite + Countable +
Plural: Ø (no article)

11 centimeters에서 보았듯이, 글쓴이는 새로운
정보를 소개하고 있다. 지시하는 바가 구체적이지
않으며 셀 수 있고 복수이므로, 관사를 쓰지 않는다.

of **water**

명사가 수량화될 때는 구체적이지 않은 명사로
쓰인다. 이번 경우, 5 billion cubic meters
구가 water이라는 명사를 수량화하여 독자에게
구체적인 정보를 준다. 2 bottles of water
(물 2 병), a handful of coins(여러 개의 동전들),
a lot of money(많은 돈)의 경우와 같다.
지시하는 바가 구체적이지 않으며 셀 수 없으므로
관사가 사용되지 않는다.

into a **number**

Exception

위에 나온 5 billion cubic meters of water처럼
글쓴이가 a number of라는 수량 표현을 사용했다.
이와 같은 수량 표현에는 a lot of, a few, a great
deal of처럼 부정관사가 쓰인다. 지시하는 바가
구체적이지 않으며 셀 수 있고 단수이므로 a/an을
쓴다. 단, the number of라는 표현은 수량 표현이
아니라는 점을 주목하라.

of

villages

Indefinite + Countable +
Plural: Ø (no article)

위에 나온 water처럼 수량화 표현의 수식을 받는
명사는 대개 지시하는 바가 구체적이지 않으며 셀 수
있고 복수이므로 관사가 사용되지 않는다.

nearby, causing 6,000 people

Indefinite + Countable + Plural: Ø (no article)

해당 명사 앞에 숫자가 있으므로 관사를 쓰지 않는다.

to lose their **homes.**

Definite + Countable + Plural: the

their로 누구의 집을 말하는지 지시하는 바가 분명하며 소유 형용사이므로 명사 앞에서 the의 자리를 대신한다.

The **company**

Definite + Countable + Singular: the

in charge of building the dam이라는 구절이 독자에게 어떤 회사에 대한 것인지 알려주기 때문에 지시하는 바가 구체적이다. 원래의 절은 (which is) in charge of building the dam으로 (주어와 동사가) 생략된 형용사 절이다. 명사 뒤에 형용사절을 추가하는 것은 명사를 규정하는 흔한 방법이다. 지시하는 바가 분명하고 셀 수 있고 단수이므로 정관사 the를 쓴다.

in charge of building the **dam**

Definite + Countable + Singular: the

어느 댐을 말하고 있는지 독자가 알고 있다. 지시하는 바가 분명하고 셀 수 있고 단수이므로 정관사 the를 쓴다.

is currently assisting local **authorities**

Indefinite + Countable + Plural: Ø (no article)

여기에서는 부정관사나 정관사 중 어느 것을 써도 무방했다. local이라는 형용사가 기본적으로 어떤 정보에 대한 것인지 알려주지만, 형용사로 명사를 규정하는 것은 일반적인 경우는 아니다. 따라서 the local authorities나 local authorities 모두 가능하다. 하지만 글쓴이는 후자를 쓰기로 결정했고 셀 수 있고 복수이므로 관사를 쓰지 않는다.

with the rescue **efforts**.

Definite + Countable + Plural: the

문맥상 독자는 어떤 구조 노력에 대한 것인지 상상할 수 있다. 지시하는 바가 분명하고 셀 수 있고 복수이므로 정관사 the를 쓴다.

비로소 알게 된 관사

In ___ recent news, ___ dam collapsed in ___ small village in ___ remote area of ___ Laos. ___ dam was part of ___ hydroelectric power plant being built in ___ area.

___ One week earlier, ___ construction site had sunk ___ 11 centimeters into ___ ground. Unfortunately, ___ this dangerous sign did not result in ___ evacuation of ___ area.

___ collapse of ___ dam released ___ 5 billion cubic meters of ___ water into ___ number of ___ villages nearby, causing ___ 6,000 people to lose ___ their homes. ___ company in charge of building ___ dam is currently assisting ___ local authorities with ___ rescue efforts.

The question is ...

Recently in ___ China, ___ wild snow leopard jumped into ___ sheep pen. Unfortunately, ___ leopard ate so much that he was unable to jump back over ___ fence. He was stuck in ___ pen and decided to sleep for ___ while. ___ Farmers later arrived and captured ___ big cat.

It is extremely rare to see ___ snow leopard, even more so than ___ giant panda. They are high on ___ endangered species list, and ___ China takes ___ their protection very seriously.

Eventually, ___ leopard recovered from ___ his feast, and ___ animal rescue officers were able to release him back into ___ wild.

The answer is ...

Recently in Ø China, a wild snow leopard jumped into a sheep pen. Unfortunately, the leopard ate so much that he was unable to jump back over the fence. He was stuck in the pen and decided to sleep for a while. Ø Farmers later arrived and captured the big cat.

It is extremely rare to see a snow leopard, even more so than a giant panda. They are high on the endangered species list, and Ø China takes Ø their protection very seriously.

Eventually, the leopard recovered from Ø his feast, and Ø animal rescue officers were able to release him back into the wild.

Recently in China, a wild snow leopard jumped into a sheep pen. Unfortunately, the leopard ate so much that he was unable to jump back over the fence. He was stuck in the pen and decided to sleep for a while. Farmers later arrived and captured the big cat.

It is extremely rare to see a snow leopard, even more so than a giant panda. They are high on the endangered species list, and China takes their protection very seriously.

Eventually, the leopard recovered from his feast, and animal rescue officers were able to release him back into the wild.

최근 중국에서는 야생 눈표범 한 마리가 양우리로 뛰어 올랐다. 불행하게도 표범은 너무 많이 먹은 나머지 울타리 위로 뛰어 넘어 돌아가지 못했다. 표범은 우리에 몸이 끼어서 잠시 눈을 붙이기로 했다. 후에 농부들이 도착하여 그 커다란 고양이를 잡았다.

눈표범을 보는 것은 자이언트 팬더를 보는 것보다 훨씬 힘들다. 눈표범들은 멸종 위기종 리스트 중 상위에 있으며 중국은 이들을 보호하는 것을 매우 중요하게 생각한다.

결국, 표범은 양을 배부르게 먹고 동물 구조 관리자는 야생으로 돌려 보낼 수 있었다.

Recently in **China,**

Exception

| 해당 명사는 사람이나 장소, 물건의 이름인 고유 명사다. 고유 명사는 관사를 필요로 하지 않는다.

a wild snow
leopard

Indefinite + Countable +
Singular: a/an

| 독자에게 이 표범이 처음으로 소개되었기 때문에 지시하는 바가 분명하지 않으며 셀 수 있고 단수이므로 a/an을 쓴다.

jumped into a **sheep pen.**

Indefinite + Countable +
Singular: a/an

| 위에 나온 leopard처럼 글쓴이가 이 우리에 대해 처음으로 이야기했다. 지시하는 바가 분명하지 않고 셀 수 있으며 단수이기 때문에 a/an을 쓴다.

Unfortunately, the **leopard**

Definite + Countable +
Singular: the

| 이제는 독자가 어떤 표범인지 알기에 지시하는 바가 분명하다. 따라서 반드시 the가 쓰인다.

ate

so much that he was unable to jump back over the **fence**.

Definite + Countable + Singular: the

독자가 이전에 이 우리에 대해 들은 적은 없지만 문맥상 글쓴이가 양우리 주변 울타리를 말하고 있다는 점을 추측할 수 있다. 지시하는 바가 분명하며 셀 수 있고 단수이므로 the를 쓴다.

He was

stuck in the **pen**

Definite + Countable + Singular: the

독자가 앞서 무슨 우리인지 알고 있으므로 the가 쓰인다.

and decided to

sleep for a **while**.

Exception

an hour이나 10 minutes처럼 시간을 수량화하는 방법이다. 수량화 표현들은(a few, a little, a lot, a glass, a handful) 지시하는 바가 분명하지 않으므로 a/an과 함께 쓰인다.

Farmers

Indefinite + Countable +
Plural: Ø (no article)

농부들이 처음으로 언급되었기 때문에 지시하는
바가 분명하지 않으며 셀 수 있고 복수이므로
관사는 쓰지 않는다.

later
arrived and captured the big **cat**.

Definite + Countable +
Singular: the

Big Cat은 이 표범을 일컫는 또다른 표현이다.
독자는 이미 커다란 고양이가 무엇을 말하는지
알고있다. 지시하는 바가 분명하고 셀 수 있고
단수이므로 the를 쓴다.

It is extremely rare to see
a **snow leopard**,

Indefinite + Countable +
Singular: a/an

글쓴이가 특정 눈표범이 아니라 일반적인
눈표범들에 대한 정보를 던지고 있다. 지시하는 바가
구체적이지 않고 셀 수 있으며 단수이기 때문에
a/an이 쓰인다.

even more so
than a **giant panda**.

Indefinite + Countable +
Singular: a/an

앞서 나온 a snow leopard의 예처럼 이번에도
글쓴이가 특정 자이언트 팬더가 아니라 일반
자이언트 팬더에 대해 이야기하고 있다. 지시하는
바가 구체적이지 않고 셀 수 있고 단수이기 때문에
a/an이 쓰인다.

They are high on the endangered species **list**,

Definite + Countable +
Singular: the

| 멸종 위기 동물 리스트는 하나밖에 없기 때문에 지시하는 바가 분명하고 셀 수 있고 단수이므로 the를 쓴다.

and **China**

Exception

| China는 고유 명사로 관사를 필요로하지 않는다.

takes their **protection**

Definite + Uncountable: the

| their가 어떤 보호인지를 규정해주고 있으므로 지시하는 바가 분명하다. 하지만 the가 필요하진 않다. 소유 형용사 their가 명사 앞에서 the의 자리를 대신한다.

very seriously. Eventually, the **eopard**

Definite + Countable +
Singular: the

| 독자가 이미 어떤 표범인지 알기에 지시하는 바가 분명하므로 the를 쓴다.

recovered from his **feast**,

Definite + Countable +
Singular: the

| 위에 나온 their protection처럼 소유 형용사 his는 명사를 지시하는 바가 분명하며 the의 자리를 대신한다.

and animal rescue **officers**

Indefinite + Countable +
Plural: Ø (no article)

관리자들이 처음으로 언급되었다. 지시하는 바가
구체적이지 않고 셀 수 있으며 복수이기 때문에
관사가 필요하지 않다.

were
able to release him back into
the **wild**.

Exception

형용사 wild는 야생 지역을 뜻하는 명사로도
쓰인다. 유사한 예로는 the poor(가난한 사람들),
the rich(부유한 사람들), the homeless
(노숙자들)이 있으며 이러한 경우 정관사 the와
함께 쓴다.

비로소 알게 된 관사

Recently in ___ China, ___ wild snow leopard jumped into ___ sheep pen. Unfortunately, ___ leopard ate so much that he was unable to jump back over ___ fence. He was stuck in ___ pen and decided to sleep for ___ while. ___ Farmers later arrived and captured ___ big cat.

It is extremely rare to see ___ snow leopard, even more so than ___ giant panda. They are high on ___ endangered species list, and ___ China takes ___ their protection very seriously.

Eventually, ___ leopard recovered from ___ his feast, and ___ animal rescue officers were able to release him back into ___ wild.

The question is ...

In ___ Europe and ___ United States, ___ wild fires have become ___ increasingly common and dangerous occurrence. ___ Portugal has been hit with ___ massive heat wave, causing ___ landscape to become very dry. ___ Wildfires have sprung up across ___ country, and ___ hundreds of firefighters are working nonstop to control ___ their spread.

    Meanwhile, ___ California is experiencing ___ most serious fire season in ___ its history. ___ Rainfall in ___ California is traditionally very low, but ___ extreme drought this year is making ___ situation worse than ever before. ___ Locals have begun referring to it as ___ "Holy Fire", and more than ___ 283,800 acres have already been burned.

The answer is ...

In Ø Europe and <u>the</u> United States, Ø wild fires have become <u>an</u> increasingly common and dangerous occurrence. Ø Portugal has been hit with <u>a</u> massive heat wave, causing <u>the</u> landscape to become very dry. Ø Wildfires have sprung up across <u>the</u> country, and Ø hundreds of firefighters are working nonstop to control Ø their spread.

    Meanwhile, Ø California is experiencing <u>the</u> most serious fire season in Ø its history. Ø Rainfall in Ø California is traditionally very low, but <u>the</u> extreme drought this year is making <u>the</u> situation worse than ever before. Ø Locals have begun referring to it as <u>the</u> "Holy Fire", and more than Ø 283,800 acres have already been burned.

In Europe and the United States, wildfires have become an increasingly common and dangerous occurrence. Portugal has been hit with a massive heatwave, causing the landscape to become very dry. Wildfires have sprung up across the country, and hundreds of firefighters are working nonstop to control their spread.

Meanwhile, California is experiencing the most serious fire season in its history. Rainfall in California is traditionally very low, but the extreme drought this year is making the situation worse than ever before. Locals have begun referring to it as the "Holy Fire", and more than 283,800 acres have already been burned.

유럽과 미국 전역에서는 산불이 점점 흔하고 위험한 현상이 되었다. 포르투갈은 심각한 폭염을 겪었는데 이는 주변을 매우 건조하게 만들었다. 산불이 전역에 걸쳐 우후죽순 생겨났고 수많은 소방관들이 쉬지않고 산불의 확산을 막기 위해 노력하고 있다.

한편, 캘리포니아는 역사상 가장 심각한 화재철을 겪고있다. 캘리포니아는 전통적으로 강수가 매우 적었지만 올해의 극심한 가뭄이 상황을 이전보다 훨씬 악화시키고 있다. 지역 주민들은 이 불을 홀리 산불(Holy Fire)이라고 부르고 있으며 283,800에이커 이상 되는 지역에 이미 산불이 났다.

In **Europe**

Exception

해당 명사는 사람, 장소, 물건의 이름인 고유 명사다. 고유 명사는 관사를 필요로하지 않는다.

and the **United States,**

Exception

국가명에 보통 명사가 있거나 복수인 경우, 국가명 앞에 the를 쓴다. the United States of America , the United Kingdom, the United Arab Emirates, the Philippines, the Virgin Islands, the Bahamas가 그러한 예이다. Korea 역시 the Republic of Korea(대한민국)로 표기하는 경우, 보통 명사인 republic을 포함하므로 the를 붙인다.

wildfires

Indefinite + Countable + Plural: Ø (no article)

글쓴이가 특정한 산불이 아닌 일반적인 산불을 일컫고 있다. 지시하는 바가 구체적이지 않고 셀 수 있으며 복수이므로 관사가 사용되지 않는다.

have become an increasingly common and dangerous **occurrence.**

Indefinite + Countable +
Singular: a/an

해당 명사는 "주격 술어"를 이루어 보통 be 동사나 become 뒤에 와 등부호(=) 역할을 하는데, 예를 들어 My father is a doctor라고 한다면 my father=doctor라는 뜻이 될 것이다. 주격 술어에서 명사는 대개 정해지지 않은 명사로 보통 그 앞에 형용사를 두고 함께(My father is a good doctor) 쓴다. 지시하는 바가 구체적이지 않고 셀 수 있으며 단수이므로 a/an을 쓴다.

Portugal

Exception

국가명은 고유 명사로 관사가 필요하지 않다.

has been hit with a massive **heatwave,**

Indefinite + Countable +
Singular: a/an

폭염에 대해 처음으로 언급되었기 때문에 이 지시하는 바가 구체적이지 않다. 형용사 massive가 폭염을 설명하지만 규정하진 못한다. 지시하는 바가 구체적이지 않고 셀 수 있으며 단수이므로 a/an이 쓰인다.

causing the landscape

Definite + Uncountable: the

처음으로 언급되었지만 문맥상 독자는 글쓴이가 포르투갈의 풍경을 지칭하고 있다는 점을 추측할 수 있다.

to become very dry. Wildfires

Indefinite + Countable + Plural: Ø (no article)

앞서 보았듯이, 글쓴이가 일반적인 산불을 말하고 있다. 지시하는 바가 구체적이지 않고 셀 수 있으며 복수이므로 관사가 사용되지 않는다.

have sprung up across the country,

Definite + Countable + Singular: the

문맥상 독자는 포르투칼을 지칭한다는 것을 안다. 지시하는 바가 분명하고 셀 수 있고 단수이므로 정관사 the를 쓴다.

and hundreds of firefighters

Indefinite + Countable + Plural: Ø (no article)

소방관들이 처음으로 언급되었고 hundreds of 라는 구는 소방관들이 얼마나 있는지 알려줄 뿐이다. 지시하는 바가 구체적이지 않고 셀 수 있으며 복수이므로 관사를 쓰지 않는다.

are working nonstop to control their **spread**.

Definite + Uncountable: the | 소유 형용사 their가 확산을 규정하지만 the의 자리를 대신하므로 관사를 쓰진 않는다.

Meanwhile, **California**

Exception | 고유 명사이므로 관사가 필요하지 않다.

is experiencing the most serious **fire season**

Definite + Countable + Singular: the | 최상급 형용사로 표현된 most serious fire season(가장 심한 화재철)은 단 하나밖에 없기 때문에 most serious가 해당 명사를 한정한다. the biggest fish(가장 큰 물고기), the most impressive achievement(가장 인상 깊은 성취), the worst mistake(최악의 실수)의 경우도 그렇다. 지시하는 바가 분명하며 셀 수 있고 단수이므로 the를 쓴다.

in its **history**.

Definite + Uncountable: the | their spread에서 보았듯이 its가 소유 형용사로 명사를 한정하며 the의 자리를 대신한다.

Rainfall

Indefinite + Uncountable: Ø
(no article)

해당 명사는 어느 정도 경계선상에 있다고 볼 수 있다. in California라는 구가 독자에게 어느 정도 위치정보를 준다고 볼 수 있다. 하지만 명사를 규정하는 데는 of 구가 더 흔하게 사용되며(the Statue of Liberty, the price of milk 등) 그에 반해 in은 명사를 규정하기에 충분하지 않다. 지시하는 바가 구체적이지 않고 셀 수 없으므로 관사가 사용되지 않는다.

in

California

Exception

고유 명사이기 때문에 관사가 필요하지 않다.

is traditionally very low, but the extreme **drought**

Definite + Countable +
Singular: the

문맥상 어떤 가뭄에 대한 것인지 알 수 있으며 이어서 나오는 this year는 가뭄을 확실히 규정하고 있다.

this year

is making the **situation**

Definite + Countable +
Singular: the

문맥상 독자는 이 점이 어떤 상황인지 알고 있으므로 the를 쓴다.

worse than ever before. **Locals**

Indefinite + Countable +
Plural: Ø (no article)

글쓴이는 특정한 지역 주민이 아니라 일반적인 지역 주민을 일컫고 있다. 지시하는 바가 구체적이지 않으며 셀 수 있고 복수이므로 관사가 필요하지 않다.

have begun referring to it as the "**Holy Fire**",

Definite + Countable +
Singular: the

지역 주민들이 특정 이름을 이와 같이 언급한다면 그것은 당연히 특정 화재를 일컫는 것으로 지시하는 바가 분명하여 the를 쓴다. 또한 the United States, the United Kingdom, the Republic of Korea처럼 고유명사 안에 보통명사를 포함하는 이러한 경우엔 대개 the를 사용한다.

and more than 283,800 **acres**

Indefinite + Countable +
Plural: Ø (no article)

Acres는 땅을 수량화하는 방법이다. 수량화 표현은 일반적으로 a lot, a handful, 2 cups처럼 지시하는 바가 분명치 않다. 또한 셀 수 있으며 복수이므로 관사가 필요하지 않다.

have already been burned.

비로소 알게 된 관사

In ___ Europe and ___ United States, ___ wild fires have become ___ increasingly common and dangerous occurrence. ___ Portugal has been hit with ___ massive heat wave, causing ___ landscape to become very dry. ___ Wildfires have sprung up across ___ country, and ___ hundreds of firefighters are working nonstop to control ___ their spread.

　Meanwhile, ___ California is experiencing ___ most serious fire season in ___ its history. ___ Rainfall in ___ California is traditionally very low, but ___ extreme drought this year is making ___ situation worse than ever before. ___ Locals have begun referring to it as ___ "Holy Fire", and more than ___ 283,800 acres have already been burned.

Unit 4   Wedding

The question is ...

___ Weddings are full of ___ expectation and ___ excitement. Perhaps this is ___ reason that they often attract ___ drama, and sometimes even ___ disasters. At ___ wedding this week in ___ Minnesota, ___ bride, ___ groom, and ___ entire wedding party fell into ___ lake.

___ happy couple, ___ brides-maids, and ___ groomsmen, were all lined up on ___ boat dock to take ___ photo before ___ wedding began. Unfortunately, ___ dock broke under ___ their weight, and they all fell into ___ waist-deep water. Luckily, nobody was hurt, and they were able to dry off before ___ ceremony. ___ event was captured on ___ video and later went viral on ___ Youtube.

The answer is ...

Ø Weddings are full of Ø expectation and Ø excitement. Perhaps this is the reason that they often attract Ø drama, and sometimes even Ø disasters. At a wedding this week in Ø Minnesota, the bride, Ø groom, and Ø entire wedding party fell into a lake.

The happy couple, the brides-maids, and the groomsmen, were all lined up on a boat dock to take a photo before the wedding began. Unfortunately, the dock broke under Ø their weight, and they all fell into Ø waist-deep water. Luckily, nobody was hurt, and they were able to dry off before the ceremony. The event was captured on Ø video and later went viral on Ø Youtube.

Weddings are full of expectation and excitement. Perhaps this is the reason that they often attract drama, and sometimes even disasters. At a wedding this week in Minnesota, the bride, groom, and entire wedding party fell into a lake.

The happy couple, the bridesmaids, and the groomsmen, were all lined up on a boat dock to take a photo before the wedding began. Unfortunately, the dock broke under their weight, and they all fell into waist-deep water.

Luckily, nobody was hurt, and they were able to dry off before the ceremony. The event was captured on video and later went viral on Youtube.

결혼식은 기대감과 흥분감으로 가득차 있는 것이다. 아마도 이 때문에 결혼식이 흥미로운 사건, 심지어 어떨 때는 안타까운 일마저 끌어들이는 것인지도 모른다. 이번 주 미네소타에서 열린 결혼식에서 신부와 신랑, 그리고 하객 모두 호수에 빠졌다. 결혼식이 열리기 전, 행복한 커플과 신부측 들러리, 신랑측 들러리들이 사진을 찍기 위해 보트 선착장에 줄을 서있었다.

안타깝게도, 선착장이 그들의 무게를 이기지 못하고 부서졌고 모두 허리 높이쯤 되는 물가에 빠져버렸다.

불행 중 다행히도 부상자는 없었고 모두 식전에 몸을 말릴 수 있었다. 그 일은 영상으로 찍혔고 이후 유튜브에 널리 퍼졌다.

Weddings

Indefinite + Countable +
Plural: Ø (no article)

특정 결혼식이 아닌 일반적인 결혼식에 대해 말하고
있다. 지시하는 바가 구체적이지 않고 셀 수 있고
복수이므로 관사가 사용되지 않는다.

are full of **expectation**

Indefinite + Uncountable: Ø
(no article)

해당 문장은 결혼식의 일반적인 모습을 기술하고
있으므로 expectation 역시 '일반적인 기대'의
맥락에서 이해해야 한다. 지시하는 바가 구체적이지
않고 셀 수 없으므로 관사가 필요 없다.

and **excitement.**

Indefinite + Uncountable: Ø
(no article)

앞서 나온 expectations처럼 지시하는 바가
구체적이지 않고 셀 수 없으므로 관사가 필요 없다.

Perhaps this is
the **reason**

Definite + Countable +
Singular: the

글쓴이가 명사 뒤에 어떤 이유인지를 설명해주는
절(that they often attract drama)을 추가했다.
the reason that I called you(당신에게 전화한
이유), the problem that I encountered(맞닥뜨린
문제), the woman that I met(내가 만났던
여자)처럼 종종 명사를 규정하기 위하여 명사 뒤에
형용사절을 넣는다.

that they often attract drama,

Indefinite + Uncountable: Ø (no article)

글쓴이는 계속해서 일반적인 결혼식에 대해 말하고 있고 따라서 일반적인 사건을 일컫는다. 지시하는 바가 구체적이지 않고 셀 수 없으므로 관사를 쓰지 않는다.

and sometimes even disasters.

Indefinite + Countable + Plural: Ø (no article)

글쓴이는 어느 특정한 안타까운 사건을 일컫기보다 일반적인 사건을 일컫고 있다. 지시하는 바가 구체적이지 않고 셀 수 있고 복수이므로 관사가 필요하지 않다.

At a **wedding**

Indefinite + Countable + Singular: a/an

글쓴이가 처음으로 결혼식에 대해 이야기하고 있다. 독자가 아직 어떤 결혼식인지 알지 못한다는 점으로 미루어보아 지시하는 바가 구체적이지 않다. 해당 명사가 셀 수 있고 단수이므로 a/an이 쓰인다.

this week n **Minnesota**,

Exception

장소 이름을 나타내는 고유 명사는 일반적으로 관사가 필요하지 않다.

the **bride,**

Definite + Countable +
Singular: the

독자는 이 결혼식에 대해 이미 알고 있기 때문에 문맥상 어떤 신부인지 알 수 있다. 지시하는 바가 분명하므로 the를 사용한다.

groom,

Definite + Countable +
Singular: the

앞서 보았던 the bride에서와 같은 이유로 지시하는 바가 분명하다. 하지만 bride 앞에 붙은 the가 이 명사에도 적용된다. 글쓴이가 the를 반복할 수 있었지만 하지 않았다.

and entire wedding **party**

Definite + Countable +
Singular: the

지시하는 바가 분명하며 the bride에 있는 the가 이 명사에도 적용되고 있다.

fell into

a **lake.**

Indefinite + Countable +
Singular: a/an

호수가 처음으로 언급되었기 때문에 독자는 아직 어떤 호수인지 알지 못한다. 지시하는 바가 구체적이지 않고 셀 수 있고 단수이기 때문에 a/an이 쓰인다.

The happy **couple,**

Definite + Countable +
Singular: the

독자는 이미 신부와 신랑에 대해 알고있는데 문맥이 어떤 커플인지를 알려준다. 지시하는 바가 분명하므로 the가 필요하다.

the **bridesmaids,**

Definite + Countable +
Plural: the

| 맥락상 독자는 신부 들러리들이 누구인지 알고 있다. 지시하는 바가 분명하므로 the가 필요하다.

and the **groomsmen,**

Definite + Countable +
Plural: the

| 맥락상 독자는 신랑 들러리들이 누구인지 알고 있다. 지시하는 바가 분명하므로 the가 필요하다.

were
all lined up on a **boat dock**

Indefinite + Countable +
Singular: a/an

| 글쓴이가 이 명사를 처음으로 언급했기 때문에 지시하는 바가 구체적이지 않다. 또한 셀 수 있으며 단수이기 때문에 a/an이 쓰인다.

to
take a **photo**

Indefinite + Countable +
Singular: a/an

| 사진이 처음으로 언급되었기 때문에 지시하는 바가 구체적이지 않다. 셀 수 있고 단수이므로 a/an이 쓰인다.

before the **wedding**

Definite + Countable +
Singular: the

| 문맥상 독자는 이미 무슨 결혼식인지 알고있다. 지시하는 바가 분명하므로 the가 필요하다.

began. Unfortunately, the **dock**

Definite + Countable +
Singular: the

앞서 보트 선착장에 대해 언급되었으므로 독자는 어떤 선착장인지 알고있다. 지시하는 바가 분명하므로 the가 필요하다.

broke under their **weight**,

Definite + Uncountable: the

their로 weight의 대상을 구체적으로 알려주기 때문에 지시하는 바가 분명하다. 하지만 소유 형용사 their가 정관사 the의 위치를 대신하므로 the를 쓰진 않는다.

and
they all fell into waist-deep **water.**

Indefinite + Uncountable: Ø
(no article)

해당 명사는 경계선상에 놓여 정관사를 쓸 수도, 부정관사를 쓸 수도 있다. 형용사 waist-deep이 독자에게 어떤 물인지 알려주지 않기 때문에 지시하는 바가 분명하지 않다고 볼 수 있다. 또한 독자가 이 호수에 대해 이야기 초반부터 알고있었기 때문에 문맥상 정해진 명사가 될 수도 있다. 글쓴이는 여기서 지시하는 바가 분명하지 않다고 보았고 셀 수 없기 때문에 관사가 필요 없다.

Luckily, nobody was hurt, and they were able to dry off before the **ceremony.**

Definite + Countable + Singular: the

글쓴이가 앞서 결혼식에 대해 언급했고 독자에게 어떤 행사에 대한 것인지 알려준다. 지시하는 바가 분명하므로 the가 필요하다.

The **event**

Definite + Countable + Singular: the

독자는 어떤 행사에 대한 것인지 문맥상 알고있다. 지시하는 바가 분명하므로 the가 필요하다.

was

captured on **video**

Indefinite + Uncountable: Ø (no article)

해당 명사는 film, print, writing과 같은 미디어를 뜻한다. 미디어는 on이나 in이 포함된 표현에서 종종 관사 없이 쓰인다. 예를 들어, I need to get your permission in writing(내 글에 대해 당신의 승인이 필요하다), I want to capture my baby's first steps on video(나는 영상에 내 아기의 첫 번째 걸음마를 담고 싶다)도 그와 같다.

and later went

viral on **Youtube.**

Exception

고유 명사이므로 관사가 필요 없다.

비로소 알게 된 관사

___ Weddings are full of ___ expectation and ___ excitement. Perhaps this is ___ reason that they often attract ___ drama, and sometimes even ___ disasters. At ___ wedding this week in ___ Minnesota, ___ bride, ___ groom, and ___ entire wedding party fell into ___ lake.

   ___ happy couple, ___ brides-maids, and ___ groomsmen, were all lined up on ___ boat dock to take ___ photo before ___ wedding began. Unfortunately, ___ dock broke under ___ their weight, and they all fell into ___ waist-deep water. Luckily, nobody was hurt, and they were able to dry off before ___ ceremony.

___ event was captured on ___ video and later went viral on ___ Youtube.

The question is ...

___ beach near ___ Norfolk on ___ east coast of ___ England recently became ___ site of ___ truly amazing scientific discovery. ___ a pair of scientists were conducting ___ field research in ___ area when they came across ___ a set of footprints. What they did not know at ___ time was that ___ these footprints are ___ earliest evidence of ___ humanity outside of ___ Africa.

   ___ scientists had to act quickly, as ___ tide would soon wash ___ footprints away. Working in ___ pouring rain, they quickly took ___ photographs of ___ prints. Using ___ process called ___ photogrammetry, they were able to confirm that ___ prints were made approximately ___ 800,000 years ago.

The answer is ...

<u>A</u> beach near Ø Norfolk on <u>the</u> east coast of Ø England recently became <u>the</u> site of <u>a</u> truly amazing scientific discovery. Ø A pair of scientists were conducting Ø field research in <u>the</u> area when they came across Ø a set of footprints. What they did not know at <u>the</u> time was that Ø these footprints are <u>the</u> earliest evidence of Ø humanity outside of Ø Africa.

    <u>The</u> scientists had to act quickly, as <u>the</u> tide would soon wash <u>the</u> footprints away. Working in Ø pouring rain, they quickly took Ø photographs of <u>the</u> prints. Using <u>a</u> process called Ø photogrammetry, they were able to confirm that <u>the</u> prints were made approximately Ø 800,000 years ago.

A beach near Norfolk on the east coast of England recently became the site of a truly amazing scientific discovery. A pair of scientists were conducting field research in the area when they came across a set of footprints. What they did not know at the time was that these footprints are the earliest evidence of humanity outside of Africa.

The scientists had to act quickly, as the tide would soon wash the footprints away. Working in pouring rain, they quickly took photographs of the prints. Using a process called photogrammetry, they were able to confirm that the prints were made approximately 800,000 years ago.

최근 영국 동쪽 해안의 노퍽(Norfolk) 근처 해변이 굉장히 놀라운 과학 유적지가 되었다. 과학자들은 그 지역에서 현지 답사를 실시하면서 다수의 발자국을 발견했다. 당시 그들이 몰랐던 것은 이 발자국이 아프리카 외부 지대에서 나온 인류 최초의 흔적이라는 것이다.

파도가 곧 발자국을 지울 것이므로 과학자는 재빨리 행동해야했다. 쏟아지는 비 속에서 그들은 재빨리 발자국의 사진을 찍었다. 사진 측량법 (photogrammetry)이라는 작업을 통해 그 발자국들이 약 80만 년 이전에 있었던 것임을 확인할 수 있었다.

A beach

Indefinite + Countable + Singular: a/an

글쓴이가 처음으로 언급하여 어떤 해변인지 아직 분명히 드러나지 않았다. 지시하는 바가 구체적이지 않고 셀 수 있고 단수이기 때문에 a/an이 쓰인다.

near Norfolk

Exception

사람이나 장소, 물건의 이름인 고유 명사다. 고유 명사는 일반적으로 관사를 쓰지 않는다.

on the east coast

Definite + Countable + Singular: the

of England라는 구가 동쪽 해안가를 분명히 한정짓고 있으므로 지시하는 바가 분명하다. the price of freedom이나 the population of Turkey에서처럼 명사를 자세하게 설명하기 위해 명사 뒤에 of 구를 사용하는 것은 매우 흔하다.

# of England

Exception

위에서 본 Norfolk처럼 고유 명사이기 때문에 관사가 필요하지 않다.

recently became

the **site**

Definite + Countable +
Singular: the

of a truly amazing scientific discovery라는
구가 독자에게 어떤 장소에 대한 것인지 알려준다.
이는 위에 나온 of England처럼 the site를
규정하는 또 하나의 of 구이다.

# of a truly amazing
scientific **discovery**.

Indefinite + Countable +
Singular: a/an

여기서 말하는 발견이 무엇인지 독자는 알지 못한다.
amazing과 scientific이라는 형용사들이 명사를
설명하고 있지만 명사를 구체화하기에는 부족하다.
따라서 해당 명사는 지시하는 바가 분명하지 않고 셀
수 있고 단수이므로 a/an이 쓰인다.

A **pair**

Indefinite + Countable +
Singular: a/an

해당 명사는 독자에게 처음으로 소개되어 지시하는
바가 구체적이지 않다. 또한 셀 수 있고 단수이므로
a/an이 쓰인다.

of

scientists

Indefinite + Countable +
Plural: Ø (no article)

a pair of와 같은 수량화된 표현에서 대상
명사(scientists)는 a bottle of water이나 a field
of flowers처럼 관사 없이 쓰인다.

were conducting **field**

research

Indefinite + Uncountable: Ø
(no article)

독자가 어떤 조사인지 알지 못하기 때문에 지시하는
바가 분명하지 않고 셀 수 없으므로 관사를 쓰지
않는다.

in the **area**

Definite + Countable +
Singular: the

앞서 글쓴이가 영국 동쪽 해안에 대해 언급했기
때문에 독자는 이미 어느 지역인지 알고있다. 따라서
지시하는 바가 분명하고 셀 수 있고 단수이므로
the를 쓴다.

when they

came across a **set**

Indefinite + Countable +
Singular: a/an

발자국들에 대해 글쓴이가 처음으로 소개하고
있기 때문에 지시하는 바가 구체적이지 않다. 위에
나온 a pair of scientists와 매우 비슷하다. 해당
명사가 지시하는 바가 구체적이지 않고 셀 수 있으며
단수이기 때문에 a/an이 쓰인다.

of **footprints.**

Indefinite + Countable +
Plural: Ø (no article)

위에서 본 a pair of scientists처럼 a set of 구는
발자국을 수량화하는 방법이다. 수량화된 명사
앞에는 관사가 사용되지 않는다.

What they did not know at the **time**

Definite + Uncountable: the

여기서 the time이 '그들이 발견한 시점'을 뜻한다는
것을 추론할 수 있으므로 지시하는 바가 분명하여
the를 쓴다.

was that these **footprints**

Definite + Countable +
Plural: the

these가 독자에게 어떤 발자국들인지 알려주기에
지시하는 바가 분명하다. 하지만 지시 형용사
these가 the의 자리를 대신하므로 관사는 쓰지
않는다.

are the earliest **evidence**

Definite + Uncountable: the

of humanity라는 구는 해당 명사를 규정하여
지시하는 바가 분명하다. 또한, 형용사의 최상급이
사용되었는데(the earliest) 최상급 형용사에는
언제나 the가 필요하다.

of **humanity**

Indefinite + Uncountable: Ø
(no article)

해당 명사는 특정 인류가 아닌 인류 일반을 일컫고 있다. 따라서 지시하는 바가 구체적이지 않고 셀 수 없기 때문에 관사가 필요하지 않다.

outside of **Africa.**

Exception

위에서 본 Norfolk와 England처럼 고유 명사는 관사가 필요하지 않다.

The **scientists**

Definite + Countable +
Plural: the

앞서 과학자들을 언급한 적이 있으므로 지시하는 바가 분명하며, 셀 수 있고 복수이므로 the를 쓴다.

had to act
quickly, as the **tide**

Definite + Uncountable: the

해당 명사(tide)는 항상 정관사와 함께 쓴다. tide는 전 세계 모든 해양에서 일어나는 동일한 현상으로 the wind나 the sunrise도 그와 같다

would soon
wash the **footprints**

Definite + Countable +
Plural: the

발자국들에 대해서는 앞서 언급되었기 때문에 독자는 무슨 발자국인지 알고있다. 따라서 지시하는 바가 분명하므로 the가 쓰인다.

away.
Working in pouring **rain**,

Indefinite + Uncountable: Ø
(no article)

비에 대해 처음으로 언급되었고 형용사 pouring이 비를 묘사하고 있지만 그것이 무슨 비인지 규정하지는 않는다. 지시하는 바가 구체적이지 않고 셀 수 없기 때문에 관사를 쓰지 않는다.

they
quickly took **photographs**

Indefinite + Countable +
Plural: Ø (no article)

사진이 처음으로 언급되었기 때문에 독자는 아직 어떤 사진인지 알지 못한다. 뒤에 나오는 of 구로 구체화되지만, 소개하고자 하는 목적이 그보다 앞선다. 따라서 해당 명사는 지시하는 바가 구체적이지 않고 셀 수 있고 복수이므로 관사를 쓰지 않는다.

of the
prints.

Definite + Countable +
Plural: the

해당 명사는 앞서 언급되었던 발자국을 의미한다. 지칭하는 바가 분명하여 the를 쓴다.

Using a **process**

Indefinite + Countable +
Singular: a/an

해당 명사가 처음 언급되었으므로 지칭하는 바가 구체적이지 않다. 셀 수 있고 단수이기 때문에 a/an이 쓰인다.

called

photogrammetry,

Indefinite + Uncountable: Ø
(no article)

처음 언급되어 지시하는 바가 구체적이지 않고 셀 수 없으므로 관사를 쓰지 않는다.

they were able
to confirm that the **prints**

Definite + Countable +
Plural: the

앞서 계속해서 언급되어 독자는 지시하는 바를 구체적으로 알고 있으므로 the를 쓴다.

were
made approximately 800,000
years

Indefinite + Countable +
Plural: Ø (no article)

해당 경우처럼 숫자를 사용하거나 혹은 구(a lot of, several, a few 등)를 사용하여 명사를 수량화할 때에는 명사 앞에 관사가 사용되지 않는다.

ago.

비로소 알게 된 관사

___ beach near ___ Norfolk on ___ east coast of ___ England recently became ___ site of ___ truly amazing scientific discovery. ___ a pair of scientists were conducting ___ field research in ___ area when they came across ___ a set of footprints. What they did not know at ___ time was that ___ these footprints are ___ earliest evidence of ___ humanity outside of ___ Africa.

 ___ scientists had to act quickly, as ___ tide would soon wash ___ footprints away. Working in ___ pouring rain, they quickly took ___ photographs of ___ prints. Using ___ process called ___ photogrammetry, they were able to confirm that ___ prints were made approximately ___ 800,000 years ago.

영어를 하면서 각기 자신이 어느만큼 앎에 차올랐다고
체감되는 순간을 겪을 것이라 생각합니다. 각자
자신만의 영어 공부 히스토리가 만들어지는 것이죠.

저 역시도 어느 순간 스피킹이, 어느 순간
라이팅이, 어느 순간 리스닝이 되었던 분기점을
통과했다고 생각하지만, 그런데 관사만은 그렇지
않았습니다. 관사에 대해 으레 들었던 문법적인
지식은 너무 포괄적이라 매번 실제 문장들을 보면서
느껴지는 갈등은 해소되지 않았습니다. 영어
편집자로 일하면서 꼭 언젠가는 관사북을 만들어야지
하고 생각했습니다. 내가 최초 독자가 되어 앎을
체득한만큼 독자에게도 그만큼은 분명히 전해지겠지
하고 생각했습니다.

내 관사가 흐릿한 건, 문법적 앎과 실제 문장이
매칭이 되지 않기 때문이라고 생각했습니다.
그래서 역순으로 가면 달라질 것이라 생각했습니다.
모든 문장 속에서 모든 관사를 다룰 수 있으면,
즉 예외를 두지 않고 모두 다루면 전체의 상을 갖게
될 거라고 생각했습니다. 그렇게 생각이 흐르고
흘러 본 도서가 기획되었습니다.

저자인 Ben은 그런 의미에서 본 도서의 기획을 살려줄 수 있는 적임자였습니다. 원고를 구체적으로 준비하면서 글의 장르에 따라 관사의 선택 범위나 빈도가 달라질 수 있다는 저자의 의견에 또 한 번 도서 흐름에 대한 구체적인 방향성을 확인할 수 있었습니다. 또한 관사 사용 분류를 6가지 경우로 나누어 반복의 반복을 거듭한 프랙티스가 되도록 하면, 범주의 이해가 곧 관사의 이해가 될 수 있으리라 보았습니다. 관사는 뒤에 오는 명사의 특성에 따른 범주의 선택일 것이므로 범주에 대한 이해가 분명해지는 만큼 관사에 대한 이해도 함께 분명해지게 될 테니까요.

　본 도서의 핵심 독자 부분에선 무엇보다 구체적인 상을 그릴 수 있었던 듯합니다. 영어를 공부했으면 누구나 관사가 난공불락처럼 느껴졌던 시간이 있을 테니까요. 그러한 영어 학습자분들께 간략하지만 분명한 지침을 줄 수 있는 책이 될 수 있기를 바랍니다. 이 부분은 아무리 해도 언제까지고 알 수 없을 거야 하고 지레 포기했던 부분이 관사였다면, 이렇듯 빈틈을 메우는 시도가 여러분께 적절한 도움이 되기를 바랍니다. 내 영어의 빈틈을 메우는 OKer 시리즈, 내 영어에 스스로 OK라고 선언할 수 있을 여러분의 영어를 응원합니다.

　　편집자 김효정